谷尻誠の
建築的思考法

MAKOTO TANIJIRI

日経アーキテクチュア 編
森清＋松浦隆幸 著

日経BP

はじめに

建築専門誌「日経アーキテクチュア（NA）」では、2010年に「NA建築家シリーズ」と題して、第一線の建築家へのインタビューや、主要な建築物の完成リポートなどを時代ごとに収めた書籍シリーズをスタート。第1弾の伊東豊雄氏から、17年に発行した特別編の安藤忠雄氏まで、9巻を数えます。

本書は、こうしたベテランの著名建築家に続く新世代の建築家にスポットを当てた新たなシリーズの第一歩になります。建築デザインの発想法や、建築づくりを支える人的ネットワークなどを図式化し、独自の建築的思考法を読み解くことが目的です。

谷尻誠氏を選んだのは、近年、建築家とともに起業家と名乗っており、今後の建築家の在り方を示す1つのモデルになると捉えたからです。一部の人からは、「谷尻さんは新事業に傾倒している」との声も聞かれますが、それに対する答えを見いだしたいとの思いもあります。「谷尻誠は本当に建築家か」という

のが本書の"裏テーマ"とも言えます。

＊　　　＊　　　＊

谷尻氏と最初に会ったのは、2008年の12月。日経アーキテクチュアの特集「注目の10人」の取材でした。その年の活躍が目覚ましく、翌年以降も活動が注目される10人の1人に選ばれたものです。インタビューは、SUPPOSE DESIGN OFFICE（サポーズデザインオフィス）の広島事務所で行い、2時間近くがあっと言う間に過ぎました。谷尻氏の放つ魅力的な言葉もさることながら、目がキラキラと輝いていた表情が今も印象に残っています（66ページを参照）。

その後、活動の中心は東京に移ったものの、「常識を疑う」という姿勢は一貫しており、設計する建物用途が広がり、規模が拡大した今も、変わることはありません。その一方、17年以降は、新たな事業に取り組む機会が増えています。SUPPOSEの関連事業として立ち上げた「社食堂」を皮切りに、個人的にファウ

ンダーとして設立した会社も複数を数えます。この背景を解き明かすことが、谷尻氏の考えを把握する近道になると考えました。

　もう1つ谷尻氏を語るのに忘れてはいけないのがTHINKと呼ぶトークプロジェクトです。広島事務所のスペースを使って11年に開始。10年以上たった今も続いています。ゲストは、建築家から、デザイナーや実業家、音楽家などまで、トップランナーばかり。ほとんどが、打ち解けた間柄というから驚きです。

＊　　　　＊　　　　＊

　これらを踏まえ、本書は大きく、建築プロジェクト、新事業、そして人的ネットワークのパートで構成しています。建築プロジェクトについては、この数年の最近作の中から、用途別に代表事例を5個ピックアップ。併せて、それ以前のベストプランを10個選ぶことにしました。谷尻氏が2000年に事務所を設立してから、10年代半ばまでは、住宅の設計が中心だったことから、実質「住宅のベストプラン」と言

えるでしょう。これらは谷尻氏と一緒にセレクトしたもので、10個には絞りきれず、結果として10＋1に落ち着きました。

　人的ネットワークとしては、代表的なクライアント1人と、新事業でも協働している2人の友人にご登場いただき、谷尻氏を5つの観点から評価してもらいました。ここには、長年のパートナーである吉田愛氏にも加わってもらい、身近な視点も反映しています。

　谷尻氏が新事業に取り組み始めたのは17年と、SUPPOSEの20年超の歴史から見れば、まだ緒に就いたばかり。しかし、谷尻氏の意図するところは徐々に成果となって表れてきています。景色のよい不動産の取引、自然を生かした別荘開発などを通して、建築家として腕を振るう場が次々と生まれています。

2021年6月
日経クロステック・日経アーキテクチュア
森 清

CONTENTS 谷尻誠の建築的思考法

※「早わかり／谷尻誠を知るキーワード」の記事中の情報や肩書は、原則として日経アーキテクチュア掲載時点のものです。掲載時期は巻末の「クレジット・初出一覧」をご参照ください。また掲載プロジェクトの写真・情報は原則、建物完成時のものです

PROLOGUE
解剖！谷尻誠

各論に進む前に、谷尻誠氏の仕事内容を大きく、建築デザイン、新事業、人的ネットワークという3つの観点から見渡して、体系化してみたい。設計事務所を始めて20年を数える一方、起業家としての歴史は決して古くない。2017年に始まったばかりだ。

2000年
SUPPOSE DESIGN OFFICE
(サポーズデザインオフィス)を設立

住宅を中心とした建築デザイン
→ベストプラン10＋1をピックアップ
Chapter4 P133

1 建築デザイン
P008

事務所の設立時からのベストプランを谷尻氏と共に10+1作品ピックアップ。近年については代表作を、用途別に計5作選んだ

2000

写真：北山 宏一

3 人的
ネットワーク
P018

2011年に広島事務所
のスペースを使って始
めたトークプロジェクト
「THINK」。谷尻氏の活
動を支える人的ネットワ
ークのベースだ

2011年
広島事務所の3階
「名前のない部屋」
を使ってTHINKを
スタート

2014年
株式会社化し、谷尻氏と
吉田愛氏の共同主宰に

トークプロジェクト「THINK」
→代表的なクライアントや友人をピックアップ
Chapter3 P095

幅広い用途の建築デザイン
→近年の代表作を5つピックアップ
Chapter1 P027

事務所、個人で新事業をスタート
→代表的な5つの新事業をピックアップ
Chapter2 P075

2 新事業
P014

2017年以降、SUPPOSE
DESIGN OFFICEとして新
たな事業をスタートしたほ
か、谷尻氏が個人として複
数の会社を創業した

2010

2020

1 建築デザイン

空間を規定せず、完成後も成長し続ける建築に進化

——独立後の20年間で、建築と向き合う姿勢や考え方に変化はありましたか。

谷尻　初めの頃は、まだ今のようにいろいろと考えることができなくて、むちゃくちゃ不器用でしたけど、それがよかったですね。その分だけピュアで、「今の自分にはこれしかできない!」と思い込める力がありました。

　例えば、「毘沙門の家」(2003年)も、限られたコストの中で、構造的な合理性を追求することに一生懸命で、結果としてストラクチャーの美しさを生んだように思います。今そのように建築をつくれと言われても、できないような気がします。

　「豊前の家」(09年)の頃からは、合理的につくることに加えて、建築的概念についてもより深く追求するようになりました。「自然の概念」というか、建築的に自然をつくること、「建築と自然の間(ま)」のようなものをどう設計するかを明確に意識し始めました。

　もう1つが「行為と空間の間」です。行いが空間をつくるのか、空間が行為をつくるのか、という切り口にも関心を持つようになりました。設計時に室名を付けて、空間の使い方を決めるのではなく、なんにでも言える空間もあるのではないか。そのことは「今治のオフィス」(12年)を設計した頃からはっきりと意識するようになって、「行為が空間に名前を付ける」をテーマに、トークプロジェクト「THINK」を始めたのもその頃です。

建築的な行いが自然に近づく

——空間だけでなく、時間軸で建築を捉えて、「完成なのか未完成なのか」という考え方も設計に取り込むようになりました。

谷尻氏のスケッチに見るデザインのポイント

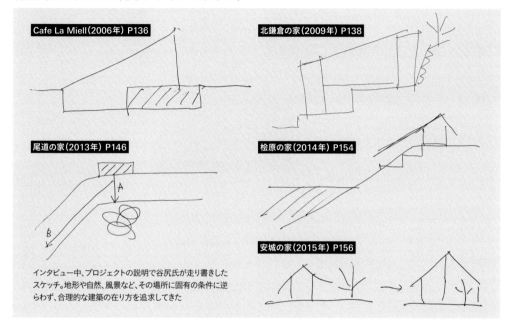

Cafe La Miell（2006年）P136

北鎌倉の家（2009年）P138

尾道の家（2013年）P146

桧原の家（2014年）P154

安城の家（2015年）P156

インタビュー中、プロジェクトの説明で谷尻氏が走り書きしたスケッチ。地形や自然、風景など、その場所に固有の条件に逆らわず、合理的な建築の在り方を追求してきた

谷尻 もともと、建築家が思い通りにつくって「完成」させることに疑問を抱いていました。むしろ、建物が完成して引き渡した後、クライアントと共に成長し続けるようにしたいと思っていたのです。例えば、「八木の家」（12年）は、まさにそういう考え方を体現している住宅で、「未完成の完成」を明確に表現したプロジェクトでした。

今治のオフィスや八木の家もそうでしたが、建築の内部に路地的空間や庭を取り込んで内外の境を消した「尾道の家」（13年）や「安城の家」（15年）のように、建築的な行いがより自然に近いものとなる設計をするようになっていきました。

断面
(セクション)
を解く

現代の高床式住居

ランドマークをつくる

敷地断面を
生かす

1
毘沙門の家（2003年）
P134

Cafe La Miell（2006年）
P136

橋をつくる

3
北鎌倉の家（2009年）
P138

路地を取り込む

4
豊前の家（2009年）
P140

プラン
(平面)
を解く

状態を解く

谷尻誠氏の
ベストプラン10＋1で
たどるデザインの解法

屋根で斜面を覆う

10

桧原の家（2014年）
P154

屋根で
居場所をつくる

庭という部屋をつくる

11

安城の家（2015年）
P156

外部を
取り込む

海の景色を取り込む

7

尾道の家（2013年）
P146

3つのサイクル

6　　　　　9

ONOMICHI U2（2014年）
P150

中間領域を有効利用

5

今治のオフィス（2012年）
P142

環境を生かす

自然の移ろいを
つくる

未完成という完成

6

八木の家（2012年）
P144

建築で森をつくる

8

くるりの森（2014年）
P148

コロナ禍で「現状への依存が不安を招く」と一念発起

——**大型プロジェクトも手掛け、事務所の規模が大きくなった今、設計という仕事をどう捉えていますか。**

谷尻　人生で最も長い時間を過ごすのが、仕事ですよね。その仕事でつまらないプロジェクトに関わっていたら、人生の大半はつまらないことになってしまう。つまらない仕事をする担当スタッフも生んでしまう。そういう状況には耐えられません。楽しく仕事をするために会社をつくったのに、気づいたら会社を存続させるための仕事をこなすようになっていたというのでは本末転倒です。

自ら仕事を生み出す設計事務所へ

今回の新型コロナウイルス感染症の拡大は、そのことを改めて考える機会になりました。コロナ禍に見舞われた2020年は、世の中の多くの人たちと同じように、当社も仕事が来なくなり、不安な毎日を送っていました。

でも、そのとき「今までの状況に依存するから不安になるんだ」と気づいたんです。20年前に26歳で独立したときは、仕事はないけれどワクワクしている自分がいました。「依存できる今まで」がなかったからです。それならば、今も依存しなければいい。

設計という仕事は、クライアントからの発注に依存しています。その依存を打破して、不安を払拭するにはどうしたらいいのか。それは、自ら仕事をつくり出す会社になることではないか。そうならないと未来はない。そう思ってもう一度、出直すつもりで20年秋に興した新会社がDAICHIです。

現状への依存は、不安要因になるばかりか、仕事の原点を見失う恐れもあります。だからスタッフにも、「みんなに給料を払うために仕事をするつもりはない。もしも僕の中に会社を維持する気持ちが芽生えたら、この会社は辞めたほうがいい」と話しています。

用途ごとに見る最近の代表プロジェクト

1 住宅 HOUSE T（2020年）P028

2 商業 hotel koé tokyo（2018年）P036

3 オフィス 面白法人カヤック 研究開発棟・ぼくらの会議棟（2018年）P044

4 公衆トイレ 千駄ヶ谷駅前公衆トイレ（2020年）P052

5 公園 武雄プロジェクト（2022年予定）P060

CHAPTER1で紹介する最近のプロジェクト5件。住宅や商業施設をはじめ、用途ごとに代表的な建築デザインの物件をピックアップした。「HOUSE T」や「hotel koé tokyo」のように、事業的価値を上げる企画に力点を置きつつ建築の質を高める取り組みが増えている。また、公衆トイレやオフィス、公園など各種用途の建築や施設で、既成概念を打破する斬新な提案を打ち出している

写真：矢野 紀行、長谷川 健太、資料：石橋・SUPPOSE DESIGN OFFICE設計共同企業体

2 新事業

2017年以降、矢継ぎ早に新事業を打ち出し、起業家として注目を集めた。
谷尻氏に、その背景と狙い、そして展望を聞いた。

「社食堂」で起業を本格化、自然と一体の不動産事業へ

——次々と新事業を立ち上げるようになったのは
2017年からですね。

谷尻　実はその年、会社に税務調査が入った
ので理由を聞いたら、「年々売り上げが伸びて
いるから」というのです。つまり、きちんと納税
していたわけです。それまでは、ひたすら働き
づめで、お金のことはあまり考えていなかった
のですが、それを機に「お金の使い方も含め
た経営のデザイン」もあるのではないかと思い
始めたのです。

　そこで、まず社内に立ち上げたのが「社食
堂」でした。給料を払う以外に、スタッフのため
になるお金の使い方をして、会社のインナーブ
ランディングにもなるだろうと。社食堂は多くの
注目を浴びて、「こうして自分たちの考えを形に
することは重要だ」と気づき、そこからいろいろ
な事業を始めるアクセルを踏み込んだ感じです。

——絶景不動産やDAICHIは、設計の仕事にも
つながりそうですね。

谷尻　もともと建築家として不動産には関心を
持っていたのと、個人的にも日ごろキャンプに
出掛けて自然を体験して楽しんでいるので、そ
うしたことを広く伝えたいと思って事業化しまし
た。建築家としては、土地を選ぶところから関
わることができるので、企画段階から各プロジ
ェクトに参画でき、より幅広い提案につながるメ
リットがあります。

　どちらの会社も最近とても問い合わせが多く、
潜在的な需要の大きさを実感しています。「ネ
イチャーデベロップメント」を掲げるDAICHIに
は、特に可能性を感じているので、株式上場
できるくらいの企業に本気で育てていきたいと
考えています。そうすれば、SUPPOSEが担う
設計の数も増えます。

2017年以降に拡大する新たな事業

1　飲食　社食堂(2017年) P076

2　不動産　絶景不動産(2017年) P080

3　IT　TECTURE(2020年) P084

4　会員制サロン　社外取締役(2020年) P088

5　開発　DAICHI(2021年) P092

6

SUPPOSE DESIGN OFFICEの新事業として2017年、社食堂を東京事務所に併設する形でオープンさせたほか、谷尻氏と吉田愛氏が共に代表取締役となって絶景不動産を設立した。それ以降は、谷尻氏が個人的に会社を設立して取り組む新事業が目立っている。ただし、代表には外部の人材を招へいしたり、共同代表として複数のパートナーと共に取り組むなど、本業である設計事務所の仕事を常に中心に据えている

写真：伊藤 徹也、アーティストリー、資料：絶景不動産、tecture、DAICHI

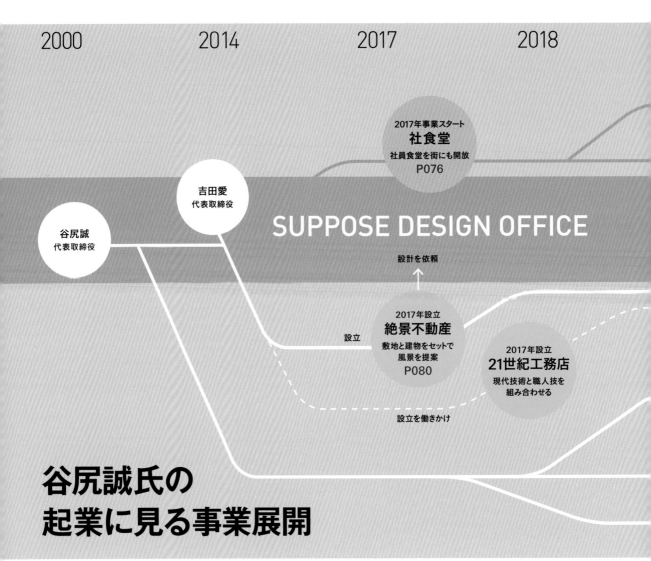

2000　　2014　　2017　　2018

2017年事業スタート
社食堂
社員食堂を街にも開放
P076

吉田愛
代表取締役

SUPPOSE DESIGN OFFICE

谷尻誠
代表取締役

設計を依頼

設立

2017年設立
絶景不動産
敷地と建物をセットで
風景を提案
P080

2017年設立
21世紀工務店
現代技術と職人技を
組み合わせる

設立を働きかけ

谷尻誠氏の
起業に見る事業展開

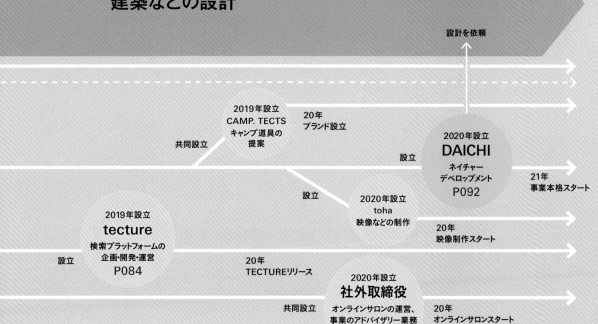

2019　　　　　　**2020**　　　　　　**2021**

2018年事業スタート
**BIRD BATH
& KIOSK**
新業態の
コーヒースタンド

建築などの設計

設計を依頼

2019年設立
CAMP. TECTS
キャンプ道具の
提案

20年
ブランド設立

共同設立

2020年設立
DAICHI
ネイチャー
デベロップメント
P092

21年
事業本格スタート

設立

設立

2020年設立
toha
映像などの制作

20年
映像制作スタート

2019年設立
tecture
検索プラットフォームの
企画・開発・運営
P084

設立

20年
TECTUREリリース

2020年設立
社外取締役
オンラインサロンの運営、
事業のアドバイザリー業務
P088

共同設立

20年
オンラインサロンスタート

3 人的ネットワーク

デザイナーから、音楽やファッション関係者まで幅広い人脈を持つ谷尻氏。
2011年から続くトークプロジェクト「THINK」は、所員を刺激する格好の場だ。

多彩なジャンルのゲストを招いて設計のヒントを得る

——2011年から月1回の開催で、ゲストは110人を超えたトークプロジェクト「THINK」はどのような経緯で始めたのですか。

谷尻　当時、広島で借りたオフィスは40坪くらいのフロアが上下2層にわたっていたのですが、スタッフは15人程度だから広すぎたのです。すべて事務所として使ってもいいけれど、これから何をしていくべきなのかを考えたことがTHINKにつながりました。

　僕は当時から「行為が空間に名前を付ける」と言っていました。つまり、歌を歌えばライブハウスになり、絵を展示すればギャラリー、食事をすればレストラン、髪を切れば美容室、そして落語をやれば寄席になる。行為によって空間に名前が付くわけです。

　逆に考えると、最低限何があれば空間に名前が付くのか。それを考えることは、建築家が設計をしていく上で重要な何かをつかめるのではないかと思いました。

　そこで、オフィスの上階は設計せず、何もない「名前のない部屋」として、行為によって空間をつくることを実践してみようと思い立ちました。そんなコンセプトなので、その空間にいろいろなジャンルの人たちを招き、"考える"を考えてみるトークプロジェクトとしてTHINKを始めました。

多くの「考え方」は設計にプラス

——誰でも参加できるオープンなトークイベントですね。

谷尻　僕はいろいろな人たちと会ってインスパイアされて思考が育つけれども、事務所のスタッフはなかなかそういう機会がありません。そこで、スタッフにも直接ゲストに会ってもらい、こういう場を通じてもっと広く社会を知り、多くの人

トークプロジェクト「THINK」のコンセプト

名前のない部屋

＋

"考える"を考える

SUPPOSE DESIGN OFFICE広島事務所の3階スペースは「名前のない部屋」。スツールを置いてトークショーを開くことでイベントスペースになる

たちと話すきっかけを得られれば、設計活動のプラスにもなるはずだろうと考えました。そして、それならば一般市民にも公開して、自分たちが得るものを伝えていきたいとも思いました。

──あれほど多彩なジャンルのゲストをどのように招いているのですか。

谷尻　ほとんどは、どこかで会って打ち解けた人たちです。「この人の考え方は面白い」「それを建築に反映したら、こう考えられるかもし

れない」といったインスパイアを受けた人たちに声をかけています。ジャンルは問わないし、知名度も関係ありません。

──設計を依頼された人もいるのですか。

谷尻　なかにはいますが、そもそもそれを期待して続けてきたわけではありません。

　これまでもそうだったように、「来てくれる人がいる限りはTHINKを続けるのもいいな」といったくらい気楽に考えています。

THINKのゲストに見る谷尻誠氏のネットワーク

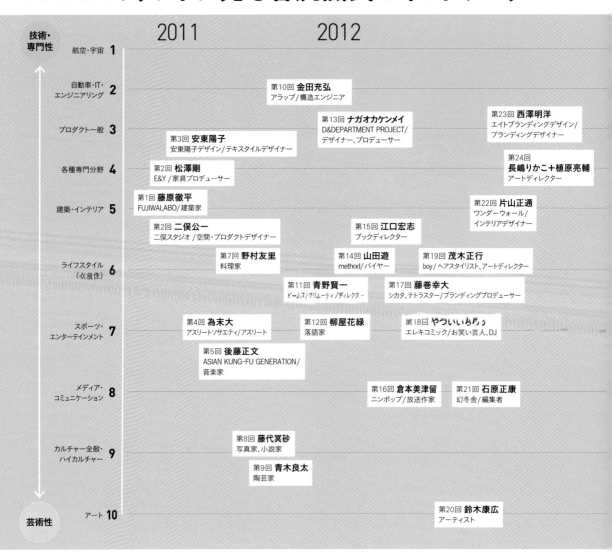

技術・専門性

2011 **2012**

航空・宇宙 **1**		
自動車・IT・エンジニアリング **2**	第10回 **金田充弘** アラップ/構造エンジニア	
プロダクト一般 **3**	第3回 **安東陽子** 安東陽子デザイン/テキスタイルデザイナー	第13回 **ナガオカケンメイ** D&DEPARTMENT PROJECT/ デザイナー、プロデューサー
各種専門分野 **4**	第2回 **松澤剛** E&Y/家具プロデューサー	
建築・インテリア **5**	第1回 **藤原徹平** FUJIWALABO/建築家	

第23回 **西澤明洋**
エイトブランディングデザイン/
ブランディングデザイナー

第24回 **長嶋りかこ+植原亮輔**
アートディレクター

第22回 **片山正通**
ワンダーウォール/
インテリアデザイナー

第2回 **二俣公一**
二俣スタジオ/空間・プロダクトデザイナー

第15回 **江口宏志**
ブックディレクター

ライフスタイル
(快適性) 6

第7回 **野村友里**
料理家

第14回 **山田遊**
method/バイヤー

第19回 **茂木正行**
boy/ヘアスタイリスト、アートディレクター

第11回 **青野賢一**
ビームス/クリエイティブディレクター

第17回 **藤巻幸大**
シカタ、テトラスター/ブランディングプロデューサー

スポーツ・
エンターテインメント 7

第4回 **為末大**
アスリートソサエティ/アスリート

第12回 **柳屋花緑**
落語家

第18回 **やついいちろう**
エレキコミック/お笑い芸人、DJ

第5回 **後藤正文**
ASIAN KUNG-FU GENERATION/
音楽家

メディア・
コミュニケーション 8

第16回 **倉本美津留**
ニンポップ/放送作家

第21回 **石原正康**
幻冬舎/編集者

カルチャー全般・
ハイカルチャー 9

第8回 **藤代冥砂**
写真家、小説家

第9回 **青木良太**
陶芸家

アート 10

第20回 **鈴木康広**
アーティスト

芸術性

※個人が特定できない回は省略した。回によっては複数人の場合がある。また、現在の所属企業名や職種は、THINK開催時と異なる場合がある

2013 　2014 　2015

第53回 川田十夢
AR三兄弟、トルク/開発者

第55回 廉井義貴
Origami/実業家

第26回 服部滋樹
graf/クリエーティブディレクター、デザイナー

第36回 伊賀大介
スタイリスト

第44回 幅允孝
BACH/ブックディレクター

第48回 遠山正道
スマイルズ/実業家

第58回 ムラカミカイエ
SIMONE INC./ブランディングディレクター

第27回 中村貞裕
TRANSIT GENERAL OFFICE/実業家

第39回 山崎亮
studio-L/コミュニティデザイナー

第46回 横川正紀
ウェルカムグループ/実業家

第57回 谷正人
STUDIOUS/実業家

第32回 渡辺康啓
料理家

第40回 相澤陽介
White Mountaineering/ファッションデザイナー

第25回 ダブル・フェイマス
音楽バンド/音楽家

第31回 おお雨
（おおはた雄一＋坂本美雨）
音楽家

第37回 ATSUSHI
Dragon Ash/ダンサー

第45回 宮内優里
音楽家

第54回 山口一郎
サカナクション/音楽家

第38回 蓮沼執太
音楽家、作曲家

第30回 若木信吾
写真家、映画監督

第35回 佐渡島庸平
コルク/編集者、著作者

第47回 川村元気
映画プロデューサー、小説家

第51回 堀江貴文
実業家、著作家

第30回 平野太呂
NO.12 GALLERY/写真家

第43回 中塚翠涛
書家

第50回 エドツワキ
イラストレーター、アートディレクター

第28回 柴崎竜人
小説家、脚本家

第34回 中川淳
中川政七商店/実業家

第42回 菅原敏
詩人

第52回 明和電機
アートユニット/アーティスト

第41回 名和晃平
京都芸術大学、Sandwich Inc./アーティスト

第49回 津田直
写真家

第56回 清川あさみ
アーティスト、美術家

第45回 岡本亮
現代美術家

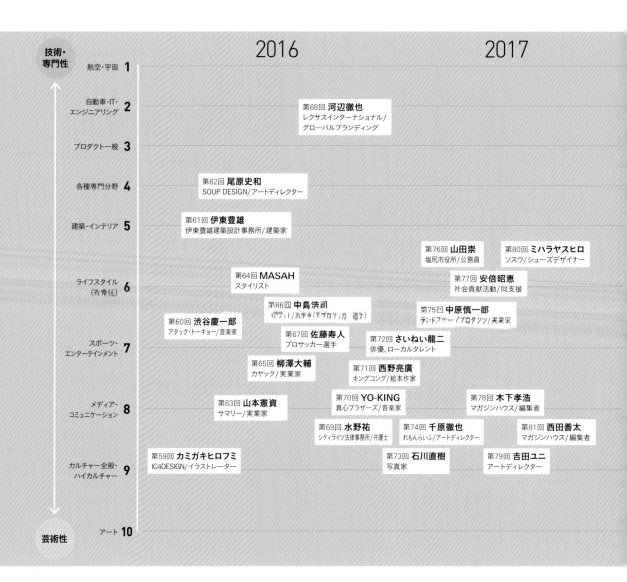

2016　　2017

技術・
専門性

航空・宇宙　**1**

自動車・IT・　**2**
エンジニアリング

第68回 **河辺徹也**
レクサスインターナショナル/
グローバルブランディング

プロダクト一般　**3**

各種専門分野　**4**
第62回 **尾原史和**
SOUP DESIGN/アートディレクター

建築・インテリア　**5**
第61回 **伊東豊雄**
伊東豊雄建築設計事務所/建築家

第76回 **山田崇**
塩尻市役所/公務員

第80回 **ミハラヤスヒロ**
ソスウ/シューズデザイナー

ライフスタイル　**6**
（衣食住）
第64回 **MASAH**
スタイリスト

第77回 **安倍昭恵**
社会貢献活動/同支援

第66回 **中島浩司**
リアント/水サカ（元プロサッカー選手）

第75回 **中原慎一郎**
ランドスケープ/プロダクツ/実業家

第60回 **渋谷慶一郎**
アタック・トーキョー/音楽家

第67回 **佐藤寿人**
プロサッカー選手

第72回 **さいねい龍二**
俳優、ローカルタレント

スポーツ・　**7**
エンターテインメント

第65回 **柳澤大輔**
カヤック/実業家

第71回 **西野亮廣**
キングコング/絵本作家

メディア・　**8**
コミュニケーション
第63回 **山本憲資**
サマリー/実業家

第70回 **YO-KING**
真心ブラザーズ/音楽家

第78回 **木下孝浩**
マガジンハウス/編集者

第69回 **水野祐**
シティライツ法律事務所/弁護士

第74回 **千原徹也**
れもんらいふ/アートディレクター

第81回 **西田善太**
マガジンハウス/編集者

カルチャー全般・　**9**
ハイカルチャー
第59回 **カミガキヒロフミ**
IC4DESIGN/イラストレーター

第73回 **石川直樹**
写真家

第79回 **吉田ユニ**
アートディレクター

芸術性

アート　**10**

2018　　2019　　2020

第111回 **田川欣哉**
Takram／デザインエンジニア

第95回 **丸若裕俊**
丸若屋／プロダクトプロデューサー

第91回 **大治将典**
Oji & Design／プロダクトデザイナー

第82回 **塚本由晴**
アトリエ・ワン／建築家

第89回 **石川涼**
せーの／実業家

第98回 **林厚見**
スピーク／実業家

第104回 **松尾大**
TTNE／実業家、プロサウナー

第83回 **石川康晴**
ストライプインターナショナル／実業家

第88回 **大塚朝之**
猿田彦珈琲／実業家

第112回 **藤井隆行**
TNP／nonnative デザイナー／
ファッションデザイナー

第87回 **鈴木諭**
LOOPWHEELER／デザイナー（スウェット）

第96回 **ラブリ**
ファッションモデル、タレント

第101回 **佐藤慎介**
NO CORPORATION／実業家

第107回 **石川俊介**
MARKAWARE／ファッションデザイナー

第93回 **齋藤賢吾**
未来ガ驚喜研究所／実業家

第99回 **源馬大輔**
sacai／クリエーティブディレクター

第103回 **南貴之**
alpha co ltd.／クリエーティブディレクター

第110回 **大橋直誉**
飲食店オーナー／ソムリエ、料理家

第86回 **谷川じゅんじ**
JTQ／空間プロデューサー

第97回 **山川咲**
CRAZY 創業者／プランナー

第102回 **龍崎翔子**
L&Gグローバルビジネス／実業家

第105回 **黒田哲二**
UDS／プランナー、プロデューサー

第84回 **小山薫堂**
オレンジ・アンド・パートナーズ、N35／放送作家、脚本家

第94回 **サノ☆ユタカ**
ダブルシックスプロダクション／CMディレクター

第100回 **橘ケンチ**
EXILE／アーティスト

第106回 **小橋賢児**
LeaR／クリエーティブディレクター

第85回 **稲垣えみ子**
ジャーナリスト

第92回 **土井地博**
ビームス／コミュニケーションディレクター

第108回 **小西利行**
POOL inc.／コピーライター

第90回 **吉田拓巳**
セブンセンス／実業家

第109回 **青木良文**
ファッション＆占いエディター／編集者

谷尻語録10＋1

日ごろ、誰にも分かりやすい会話を心掛ける谷尻氏からは、しばしば琴線に触れる言葉が生まれる。
取材を通して谷尻氏が口にした含蓄のある言葉を「谷尻語録」としてまとめた。

1 アイデアに価値はない。

谷尻氏がいつも口にする言葉。アイデアだけなら誰でも思いつく。それを行動に移し、様々な課題を乗り越えて価値化しない限り、アイデアには意味がないという。

2 分類されたら終わり。

自分たちの手掛ける事業や取り組みが、世の中で既成のカテゴリーに分類され、横並びで比較されたら選ばれる確率が低くなる。分類されない、未開拓なところに社会のニーズはあるという。

3 僕は良好なペテン師。

「僕自身は、たいして設計はうまくないけれど、前に進めるために必要なことをつかみ、一緒に仕事をする人たちをその気にさせるのはうまい」と谷尻氏。「だから僕は良好なペテン師」と笑う。

4 お金も含めて提案できれば、信頼が得られる。

自邸である「HOUSE T」では、クライアントと設計者の2つの立場を同時に経験することができた。「建築家はあまりお金のことに関わりたがらないが、そこを含めて提案できるほうが信頼を得られると感じた」と谷尻氏は言う。

5 「仕事ができる」だけでは採用はしない。

建築設計の仕事は1人ではできない。スタッフに優秀な即戦力はほしいが、それ以前に、一緒に仕事をする仲間に気づかいができるかどうかを見極める。まわりが困っていても、自分の仕事以外に関与しようとしない人は採用しない。

6 設計者は知ったかぶりをしている。

「多くの設計者は、完成後の運営のリアルな実態を知らないのに、知ったようなふりをして商業空間を設計している」と捉える谷尻氏。自社で直営する「社食堂」は、運営ノウハウを得る場となり、設計の提案力、それ以前の企画力を身につけることに役立った。

7 足りていないほうが本当は豊か。

「高級ホテルの受動的なサービスより、誰も何もしてくれず、自分で考えて動く能動的な宿泊サービスのほうが豊かさを感じる」。ホテルの宿泊経験も豊富で、キャンプで自然に親しむ機会が多い谷尻氏は、今後の宿泊ニーズをこう捉える。

8 ネガティブな意見があると可能性を感じる。

ある提案に対してネガティブな意見が出ると、「これはまだ価値化されていないブルーオーシャンだ」と考える。逆に、反対意見が出ない提案は、すでに世の中で価値化されていると判断するという。「社食堂」の提案に対する周囲の反応を振り返って。

9 大きく変わると書いて「大変」。

空間デザイン情報の検索サービスTECTUREをリリース。今後2、3年で過去10年に、雑誌に掲載されたプロジェクト写真のデータベース化を目指す。「大きく変わると書いて『大変』」と切り出す谷尻氏は、誰もやらない膨大で大変な作業にこそ商機があると見る。

10 現状に依存するから不安が生まれる。

新型コロナウイルス感染症の拡大で、2020年には仕事の依頼がない時期があり、谷尻氏も不安を感じた。「26歳で独立したときは不安もあったが、ワクワクしている自分がいた。20年たって今までのやり方に依存するから不安なんだと分かった」と谷尻氏。

11 自ら仕事を生む設計事務所になる。

設計事務所の仕事は、クライアントからの依頼に頼っている。コロナ禍で仕事がなくなる不安を抱き、自ら仕事を生み出す設計事務所にしていく必要を痛感。新会社「DAICHI」を設立する動機となった。

PROFILE

谷尻 誠 (たにじり・まこと)

建築家・起業家
SUPPOSE DESIGN OFFICE Co.,Ltd.
代表取締役

1974年広島生まれ。2000年に建築設計
事務所SUPPOSE DESIGN OFFICE(サ
ポーズデザインオフィス)設立。2014年よ
り吉田愛氏と共同主宰。広島・東京の2カ
所を拠点とし、インテリアから住宅、複合
施設まで、国内外合わせ多数のプロジェ
クトを手掛ける傍ら、穴吹デザイン専門
学校特任講師、広島女学院大学客員教授、
大阪芸術大学准教授なども務める。近年
オープンの「BIRD BATH&KIOSK」のほか、
「社食堂」や「絶景不動産」「21世紀工
務店」「tecture」「CAMP.TECTS」「社外
取締役」「toha」「DAICHI」をはじめとする
多分野で起業、活動の幅も広がっている。

主な著書に『CHANGE-未来を変える、
これからの働き方-』(エクスナレッジ)、
『1000%の建築〜僕は勘違いしながら
生きてきた』(エクスナレッジ)、『談談妄
想』(ハースト婦人画報社)、SUPPOSE
DESIGN OFFICEの作品集に、『SUPPOSE
DESIGN OFFICE - Building in a Social
Context』(FRAME社)がある。

COMPANY

SUPPOSE DESIGN OFFICE Co., Ltd.
(SUPPOSE DESIGN OFFICE株式会社)
設立:2000年(2014年に法人化)
代表取締役:谷尻誠、吉田愛
所員数:36人(ヘッドオフィス/広島事務所
19人、東京事務所17人)
※所員数は2021年6月20日時点

PRIVATE

家族:妻(料理家)、長男(小学生)
血液型:B

お気に入りのファッションブランド:
nonnative(ノンネイティノ)、kolor(カラー)
趣味:カメラ、サウナ、旅(国内外)、キャンプ

愛車:993型ポルシェ911(空冷式)、
メルセデス・ベンツ GLC
自転車:Rew10works(リューテンワークス)

CHAPTER

1

最近作とコンセプト
から探る建築の発想

1

住宅

HOUSE T

東京都渋谷区、2020年｜設計：谷尻 誠、吉田 愛、濱谷 明博／SUPPOSE DESIGN OFFICE

奥さんのひと言に端を発した谷尻氏の自邸づくりは約2年後に実現した。
日ごろの設計で建て主に説明しても納得してもらえない
住宅に対する谷尻氏自身の考え方を盛り込んでいる。

あえて広めの土地に着目
賃貸を確保しリスク軽減

　谷尻誠氏の自邸「HOUSE T」は、都心の騒がしさから少し離れた静かな住宅地に立つ。緩やかに北に向けて傾斜する周辺エリアには、戸建て住宅や集合住宅が立ち並ぶ。その一角にあるHOUSE Tは、地下1階、地上2階建ての鉄筋コンクリート造。北側道路に面した斜面地を掘り込んで地下1階をつくり、その上に、フロアごとにセットバックさせた地上1階と2階が重なっている。

　HOUSE Tには、谷尻氏らしい2つの切り口を見ることができる。1つは、住宅という資産の所有に対する発想、もう1つは、谷尻氏が考える住宅の在り方だ。

賃貸併用に発想を転換して負担軽減

　谷尻氏は家族の要望で、都心の敷地を探し始めたが、すぐに戸惑いを覚えた。「例えば、HOUSE Tが立つエリアで土地を探すと面

積が20坪でも8000万円ほどはする。建物を建て、諸経費も含めると、ざっと総額1.2億円くらいはかかる。ローン計算アプリで試算すると、30年ローンでも毎月の返済負担はかなり大きい。ぞっとしたけれど、みんなこうして家を建てているのかという実感は湧いた」

なかなか手ごろな土地が見つからずにいた矢先、こんなアイデアが浮かんだ。「想定よりも大きい50坪クラスの土地は時々、売りに出る。その土地を賃貸併用で使えば、借入額は増えても賃料収入があるから月々の負担を減らせる。借金を返すだけの自宅よりも安心感が高まるのではないか」

実際に見つけた土地は商業エリアではないが、これまでの経験からテナントを付ける自信はあったという。どんなテナントならば安定的に運営できるのかを考え、賃料を想定して試算すると、単に自宅だけを建てるよりも、毎月の返済額を大きく低減できることが分かった。その事業計画は金融機関の審査も難なく通り、完成と同時にテナントも付いた。

[図1] 谷尻氏によるHOUSE Tの断面スケッチ

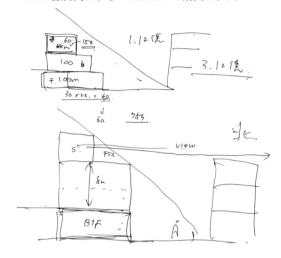

[図2] HOUSE Tのバランスシート

■投資効率
1. 表面利回り：C÷A＝4.11%
2. 実質利回り：(C−D)÷(A+B)＝3.57%

■投資計画	■収支計画
A 建設費＝土地価格2億円＋建築費1億1000万円＝3億1000万円	C 年間収入＝1275万6000円（月間収入＝B1F/39.39㎡/71万3000円＋1F住居/31.90㎡/20万円＋2F/15.03㎡/15万円＝106万3000円）
B 諸経費など＝不動産仲介料3%＋不動産取得税/土地3%・建物4%＋抵当権設定費＋表示登記＋保存登記＋火災保険30年＋工事期間借入利息12カ月分＋ローン保証料30年・2%＝2932万5950円	D 年間管理経費＝自主管理＋修繕積み立て費5%＝63万7800円
A+B＝3億3932万5950円 月間返済額(30年、金利0.8%)＝94万2572円	C−D＝1211万8200円

土地の購入と建物の建築資金は、一部を自己資金とし、金融機関の住宅ローンでまかなった。毎月の自己返済額は20万円。賃貸2フロアのうち、地下1階は月約70万円（資料：谷尻 誠）

地上1階にある住居は、光を絞った空間。北側の全面開口を開けると、室内とテラスが一体の空間になる

自らの住宅観を具現化して建て主に住まい方を伝える

実際に谷尻氏が家族と生活する空間は、地上1階のワンフロアに集約されている。地下1階はオフィスなど様々に使える賃貸スペース。地上2階には、キッチン付きの賃貸スペースを設けた。

「普段、住宅を設計していると、どう説明してもクライアントに分かってもらえないことがある。それを自宅で体現しようと思った」と谷尻氏は話す。

例えば、「光を絞った暗い家」「エアコンを使わない家」「音がよく聞こえる家」といった考え方だ。その理由を谷尻氏はこう話す。「僕の実家は町家で、いつも暗い室内から明るい庭を見ていた。エアコンはなく、夏は水を打って涼を取っていた。そういう暮らしは良かったと最近つくづく感じる」

理解されにくい「暗い家」を体現

谷尻氏が選んだ敷地は北側道路の斜面地。そこに計画した建物も、室内の光を絞り、北向きのテラスに大きく開いている。コンクリート打ち放しの壁は光のコントラストを描き出し、光を絞り込んだ室内の奥には暖炉がある。エアコンはなく、冬はこの暖炉をたいて暖を取る。夏は、天井に冷水パイプを埋め込んだ放射冷房による放射熱で、室内は洞窟のように、ひんやりとしているので、窓を全開にしておいても涼しく過ごせる。

この住宅は、「日当たりのよい南向き」といった日本に浸透する"家づくりの常識"とは一線を画している。「この家をクライアントに見てもらえば住宅に対する僕の考え方を理解してもらえる。クライアントはその上で判断すればいいし、僕も設計者としての提案の幅が広がる」と谷尻氏は話す。

谷尻氏は自費出版による自邸の写真集の発行も予定している。限定部数で高額ながら、現地を見学できる特典付きだ。

開放的なテラスから住居の奥に行くほど光が絞られる。天井高は5mあり、上部の一部がロフトになっている

キッチンテーブルは長さ5m。
調理側の床は、リビング側よ
りも一段低くしてある

2階は新宿の高層ビル群を一望するテラス。右手は賃貸用のスペース

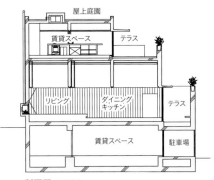

断面図 1/300

屋上庭園
賃貸スペース　テラス
リビング　ダイニングキッチン　テラス
賃貸スペース　駐車場

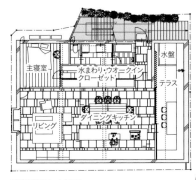

1階平面図 1/300

主寝室
水まわり・ウオークインクローゼット
水盤
テラス
リビング　ダイニングキッチン

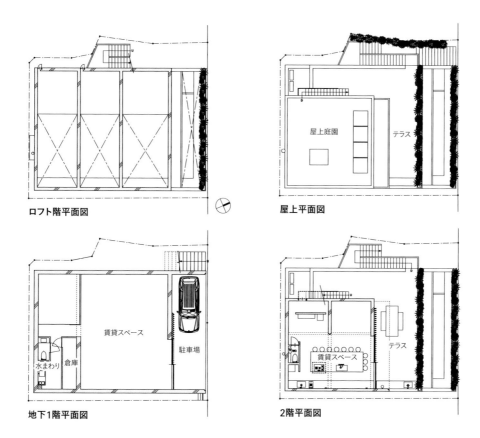

ロフト階平面図

屋上平面図

屋上庭園　　テラス

賃貸スペース

駐車場

水まわり　倉庫

地下1階平面図

賃貸スペース

テラス

2階平面図

Data

■所在地：東京都渋谷区　■用途：併用住宅　■敷地面積：175.60㎡

■建築面積：115.20㎡　■延べ面積：285.36㎡

■構造・階数：壁式鉄筋コンクリート造、地下1階・地上2階

■設計協力者：堀江聡建築設計事務所(構造)、島津設計(設備)、Filaments、ModuleX(以上、照明)

■施工：21世紀工務店

■施工協力者：賀茂クラフト(鋼製建具)、セットアップ(一部内装施工・家具)、E&Y、TIMBER CREW(以上、家具)、SOLSO(植栽)

■動画制作：toha　■設計期間：2018年5月～19年2月　■施工期間：2019年2月～20年8月

2 hotel koé tokyo

商業

東京都渋谷区、2018年 | 設計：谷尻 誠、吉田 愛、岩竹 俊範、江野 友里恵 / SUPPOSE DESIGN OFFICE

アパレルショップにホテルを併設。さらに音楽やクラブといった文化を融合させた。
リアルな空間だからこそ生まれる様々な形の出会いや体験が、日々ここでは見られる。
渋谷の新たなメルティングポットの拠点となった。

異なる文化や人々の"同居"で魅力ある多様性生む

　渋谷公園通りを上っていくと、スクランブル交差点の角に「hotel koé tokyo」のエントランスがある。かつて、渋谷の街を彩る象徴的な存在の1つだった「渋谷PARCO PART2」があった場所だ。PART2が新しいテナントビルへと建て替えられ、その1階から3階までの低層部に入るのが2018年2月に開業したhotel koé tokyo。アパレルブランド「koé」がつくったホテル併設型の旗艦店だ。

　企画から設計までを手掛けた谷尻氏は、「3層をアパレルショップだけで構成するのは、ビジネスとして厳しいだろう」と、初めから踏んでいた。「メジャーなアパレルショップが集積するエリアで、単なるアパレルショップをつくっても十分な差別化を図ることができない」というのがその理由だ。

　そこで谷尻氏が打ち出したのが、「洋服を、ホテルで売る」というコンセプトだ。「普通のア

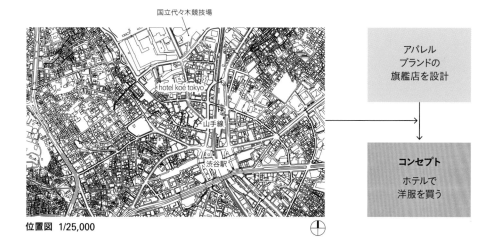

位置図　1/25,000

国立代々木競技場

hotel koé tokyo

山手線

渋谷駅

アパレル
ブランドの
旗艦店を設計

↓

コンセプト

ホテルで
洋服を買う

パレルショップは毎日8時間程度しか営業していない。一方のホテルは24時間稼働していて、ホテルに泊まると何かを買ってみたい気持ちになる。両方をつなげると宿泊に来た人が買い物をするきっかけになるのではないかと思った」(谷尻氏)

旅や音楽とファッションをつなぐ

立地の特性も企画に組み込んだ。周辺エリアは、昔から洋楽のレコードショップや、小さなクラブなどが集まり、独自の音楽文化が根づいている。「今の若い人たちは、ネットで服を買うけれど、そこに音楽の情報はない。リアルなショップに行く意味は、洋服を買いに行って音楽に出会うことだったりする。音楽や旅とファッションをつなぎ、世代や人種を超えたいろいろな人たちが集まる場所が適していると考えた」と谷尻氏は話す。

実際に設計した空間も、いろいろなカルチャーや人々の"同居"が生み出す多様なシーンに応じて自在に変わる柔軟性を備える。

[図1] ホテルの企画をチームでこなす

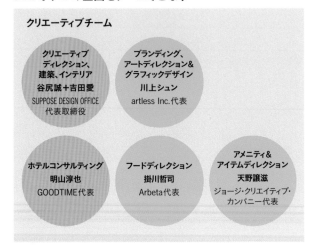

クリエーティブチーム

クリエーティブ
ディレクション、
建築、インテリア
谷尻誠+吉田愛
SUPPOSE DESIGN OFFICE
代表取締役

ブランディング、
アートディレクション&
グラフィックデザイン
川上シュン
artless Inc.代表

ホテルコンサルティング
明山淳也
GOODTIME代表

フードディレクション
掛川哲司
Arbeta代表

アメニティ&
アイテムディレクション
天野譲滋
ジョージ・クリエイティブ・
カンパニー代表

[図2] テナントビルの低層部を占める

3F バーラウンジ 客室	
2F ファッション	
1F レストラン ポップアップスペース	

ホテル受付やレストランが入る1階は、一般的なホテルのエントランス空間とは明らかに趣が異なる。各種イベントのほか、ライブやクラブなど様々な形で使われている

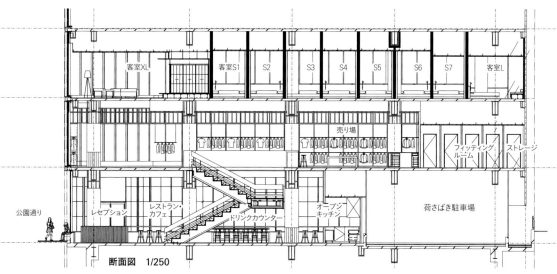

公園通り　レセプション　レストラン・カフェ　ドリンクカウンター　オープンキッチン　荷さばき駐車場

客室XL　客室S1　S2　S3　S4　S5　S6　S7　客室L

売り場　フィッティングルーム　ストレージ

断面図　1/250

客室タイプはSからXLまで、独自路線で高稼働率

「ホテルを提案したとはいえ、設計当時、宿泊施設の企画や運営のノウハウはなかった。ホテルのコンサルタントをはじめ、アートディレクターやフードディレクターなどでチームを編成し、企画から運営までを検討した」と、谷尻氏は話す。主なメンバーは、38ページの図1で示した通りだ。

そこからユニークなホテルが生まれた。3階に入るホテルは計10室と小規模ながら、客室タイプには幅がある。洋服のサイズに見立ててS、M、L、XLの4タイプを用意した。

面積18㎡のミニマムなスタンダードルーム（S）から、広さ100㎡のラグジュアリーなXLルームまでが同じフロアに同居する。客室単価も3.6万円から25万円まで、大きな開きがある。あえて国内外の多様な宿泊者の利用を意図したものだ。

「当初は、客室単価を8万円程度でそろえる提案も出た。ラグジュアリーと言っても、その

クラスならば渋谷にたくさんある。豪華さで比較されたら選ばれにくい。僕はいつも『分類されたら終わり』と言っている。むしろラグジュアリーな部屋は思い切って高く設定し、分類されないほうがいい。世界を見渡せば、高額な部屋があるホテルを評価して選ぶ人はたくさんいる」（谷尻氏）

渋谷らしいメルティングポットの拠点

この発想が当たり、ホテルの稼働率は85～90％を保った。1階は、通常はホテルのレセプションやレストランだが、そこにはDJブースが備えてあり、象徴的な大階段を含めた空間自体がクラブやライブ、イベントスペースなどに姿を変える。そして、大階段を上がった2階にアパレルショップのkoéが入る。3階は客室とバーという構成だ。こうしたhotel koé tokyo全体が、渋谷らしいメルティングポットの拠点として存在感を示すようになった。

ミニマムサイズを追求した「スタンダードルーム」。広さは18㎡

最も広い面積100㎡の「XLルーム」は複数人での利用を想定。
客室内に「離れ」をイメージした畳敷きの部屋があり、日本家屋
に泊まるような感覚を体験できる

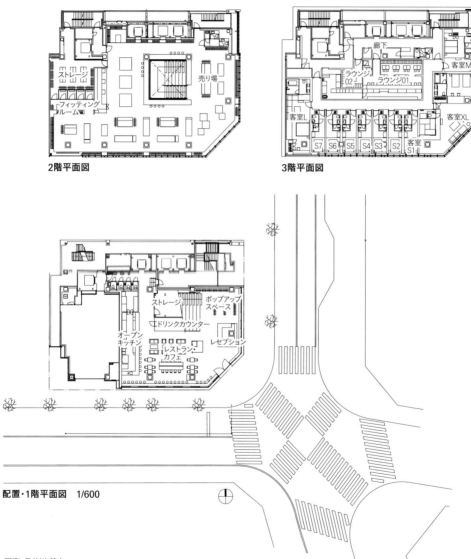

2階平面図

ストレージ

フィッティング
ルーム

売り場

3階平面図

廊下

ラウンジ
02

ラウンジ01

客室M

客室L

客室XL

S7 S6 S5 S4 S3 S2 客室
S1

ストレージ

ポップアップ
スペース

ドリンクカウンター

オープン
キッチン

レストラン

カフェ

レセプション

配置・1階平面図　1/600

大階段を上がった2階は、アパレルショップ「koé」

全面ガラス張りを通して、内部のアクティビティが渋谷の街ににじみ出す

Data

- ■所在地：東京都渋谷区
- ■用途：ホテル
- ■床面積：1503.96㎡
- ■発注者：ストライプインターナショナル
- ■設計協力者：島津設計（設備）、Modulex、L&L、セブンスコード（以上、照明）、
  アートレス（グラフィック）
- ■施工：乃村工芸社
- ■施工協力者：Complex Universal Furniture Supply、E&Y（以上、家具）
- ■設計期間：2015年5月〜18年2月
- ■施工期間：2017年7月〜18年2月

3 面白法人カヤック
研究開発棟・ぼくらの会議棟

神奈川県鎌倉市、2018年 | 設計：谷尻 誠、吉田 愛、佐々木 健二、木村 太地 / SUPPOSE DESIGN OFFICE

オフィス

「まち全体が、ぼくらのオフィスです」。公式の会社概要でそう掲げる。
面白法人カヤックが建てた2棟は、街との境界がないオフィス建築だ。

「街がオフィス」を理念に
住宅建材でスケールダウン

　JR横須賀線と江ノ島電鉄の鎌倉駅から歩いて数分、個人商店と住宅が立ち並ぶ街なかに面白法人カヤックのオフィスが2棟ある。道路の行き止まりの右手に「研究開発棟」、左手に「ぼくらの会議棟」が立つ。

　規模の大小はあるが、2棟は全く同じ意匠の外観を見せる"双子"の建物だ。外まわりの全面を住宅用アルミサッシで包んでいる。縦方向に数えるとサッシは7層分あるが、建物自体は地上3階建てだ。

　「この会社は、自ら面白法人と名乗って、面白くないことはできない状況をつくることで、クリエーティビティを保っている。そのことを映すはずの建築が、『面白法人なのに普通だね』となってはいけない。オフィス建築をつくるが、普通のオフィスビルではいけないと思った」。設計を依頼された谷尻氏は、設計に入る前にそう考えた。

設計の手掛かりとしたのは、面白法人カヤックが地域で取り組む事業や、敷地を取り巻く街の様子だ。同社は、鎌倉駅周辺で「まちの社員食堂」「まちの保育園」といった地域を巻き込むユニークな事業も手掛けており、会社自体が有形無形に街に溶け込んでいる。

「そういう会社が新たなオフィスを建てようと

していた敷地も、駅の近くでありながら低層の商店や住宅が混ざり合った街なかにある。そうした環境の中に、いきなりオフィスビルという形ではないほうがいい。むしろ、まわりで使われている住宅用の既製品の建材を集積させた結果がオフィスビルのようになる形がいいだろうと思った」と谷尻氏は言う。

配置・1階平面図　1/400

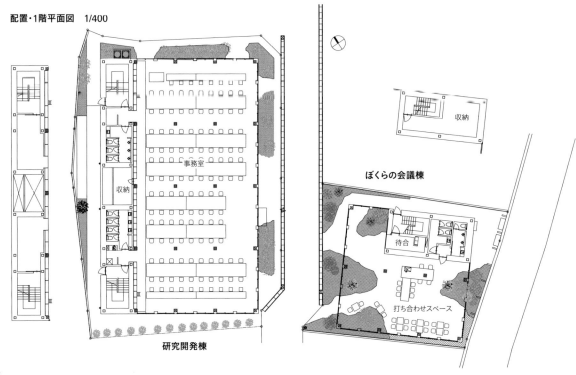

ぼくらの会議棟

研究開発棟

「研究開発棟」の内観。現しの木造大空間。住宅用アルミサッシによる全面開口が、明るい空間を生んでいる

「ぼくらの会議棟」の1階。アスファルト舗装や植栽を引き込むことで、街との境界をなくしている

住宅用サッシと現しの柱・梁で骨格をつくる

住宅建材を用いて、低層の商店や住宅が混ざり合う、周囲の街になじませるため、まず、谷尻氏が目を付けたのが、住宅用のアルミサッシだ。「安価で性能も高い建材なので、それだけでファサードを構成できないかと最初に思った。うまく使えばカヤックらしさも表現できる」と、谷尻氏は振り返る。

その発想を形にしたファサードは、3階建ての建物に対して、より小刻みな7層に分けて住宅用アルミサッシを割り付けてある。足元に立ち並ぶ民家などと比べるとはるかに大きい建物でありながら、それらに近いスケール感を醸し出している。

建物内まで道路舗装を引き込む

ファサードを覆うサッシのガラスを透かして見えるのが、木造の架構だ。「住宅に近いスケールならば木造がいいだろう」ということから、構造は木造とした。建物内に入ると、太い柱・梁で組んだダイナミックな木造ラーメンの架構が行き交う。1時間耐火の大臣認定を取得した耐火集成材を柱・梁に使ったものだ。耐火部材なので耐火被覆が不要で、現しの木造空間をつくることができる。

地域に溶け込む事業を営む会社らしく、建物内にも街を引き込んでいる。例えば、1階の床は、道路舗装から連続するアスファルトで仕上げている。面白法人カヤックにとっては、街もオフィスの一部であり、逆にオフィスも街の一部だ。境界を持たずにつながっている街と会社のそうした関係を、建築として表現したのがこの建物だ。

「いかにもオフィスビルという従来のタイプとは違って、こうした住宅のようなオフィスもいいのではないかと思いながら設計を進めた」と、谷尻氏は振り返る。建築デザインが街と企業を結びつけるインターフェースであることを教えてくれる。

開放的な研究開発棟の事務室を2階レベルから見下ろす。柱や梁が行き交う吹き抜け空間になっている

住宅用サッシのガラスを透かして、現しとした木造の柱・梁が見える

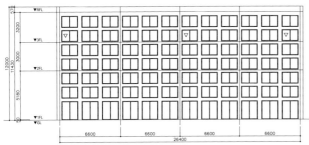

研究開発棟（A棟）東立面図　1/400

ぼくらの会議棟（B棟）西立面図

Data

■所在地：神奈川県鎌倉市

■用途：オフィス

■敷地面積：A棟：687.34㎡ / B棟：277.82㎡

■建築面積：A棟：459.85㎡ / B棟：170.00㎡

■延べ面積：A棟：1020.97㎡ / B棟：528.18㎡

■構造・階数：木造・一部鉄骨造、地上3階

■発注者：カヤック

■設計協力者：TECTONICA（構造）、島津設計（設備）、
　FDS（照明）、DAISHIZEN（植栽）

■施工：栄港建設

■施工協力者：シェルター（木造耐火構造体）

■設計期間：2016年8月〜18年12月

■施工期間：2018年2月〜11月

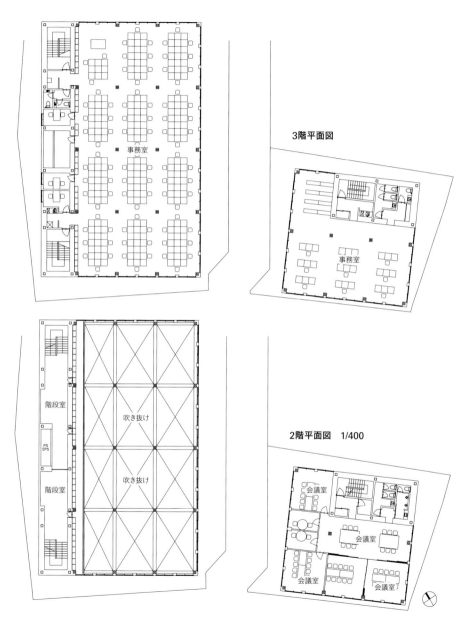

3階平面図

2階平面図　1/400

4 千駄ヶ谷駅前公衆トイレ

公衆トイレ

東京都渋谷区、2020年 | 設計：谷尻 誠、吉田 愛、岡西 雄司/SUPPOSE DESIGN OFFICE

JR千駄ヶ谷駅前に2020年に完成。公衆トイレのあるべき姿を示した。
量感と浮遊感が共存するアートのような外観に、ホテルを思わせるインテリア。
ジェンダーレスの考え方も取り入れた。

用はなくても入りたくなる
アートのような公衆トイレ

　JR千駄ヶ谷駅の改札を出て左に数十メートル行くと、交番の向こう側に、地面から浮いたコンクリート打ち放しの四角い箱が目に入る。2020年夏に完成した渋谷区の「千駄ヶ谷駅前公衆トイレ」だ。全体の高さは7.5mと、公衆トイレとしてはかなり高い。足元は、地面から50cmまでがスリット状に切り取られており、全体が浮いているように見える。

　渋谷区内では、日本財団が17カ所の公衆トイレを再生する「THE TOKYO TOILET」に取り組んでおり、建築家の安藤忠雄氏らを起用して話題になっている。「このプロジェクトはそれとは別の事業だが、これからは公衆トイレそのものの役割が変わる必要があると思った。東京オリンピック・パラリンピックに向けて、地元の渋谷区として街を盛り上げていくためにも、用を足す必要がなくても行きたくなるトイレであることも大事だろうと考えた」と谷

尻氏は話す。そこで、トイレをアートに変えるように、コンクリートの彫刻を意図して案を練った。

「大きな気積と浮いた壁」で印象を刷新

この公衆トイレは、渋谷区が老朽化した既存トイレを改築したもの。公募型のプロポーザルに応募した谷尻氏の事務所が選ばれた。掲げたコンセプトは「大きな気積と浮いた壁」。高さ7.5mという大きな気積の空間をつくり、

さらに足元を浮かせることで、公衆トイレにつきまとう薄暗く閉塞感の強いイメージを払拭した。頂部を切り取ってトップライトにしており、四方を壁に包まれた内部空間に、意外な明るさをもたらしている。

建物自体は鉄筋コンクリート造だが、難しい構造を解いている。中心にあるコア部分を大断面の柱として構造体を集約。そこからの片持ちで屋根と浮かぶ外壁を支持している。

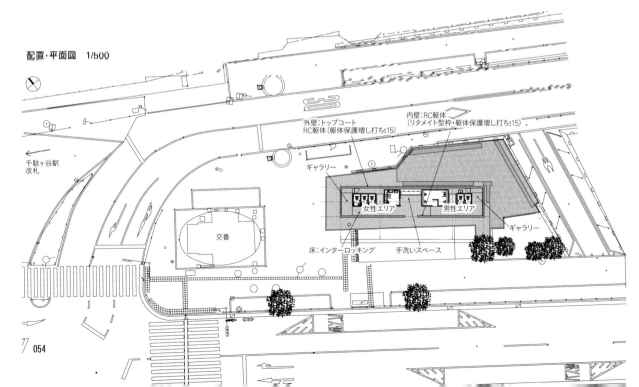

配置・平面図　1/600

外壁：トップコート
RC躯体（躯体保護増し打ちt15）

内壁：RC躯体
（リタメイト型枠・躯体保護増し打ちt15）

ギャラリー

← 千駄ヶ谷駅
改札

女性エリア　　男性エリア

交番

ギャラリー

床：インターロッキング　　手洗いスペース

外壁を地面から浮かせることで、暗く閉塞感のある公衆トイレの印象を払拭した

浮いた外壁は、プライバシーが
守られつつも外部とつながった
安心感をもたらす

ホテルのような内装で大切にされる公衆トイレに

公衆トイレは大事にされていない印象が強い。どうしてあんなに汚い使われ方がされてしまうのか——。言われてみれば誰もがうなずくであろうそんな疑問を、谷尻氏は具体的に掘り下げた。そして対比したのがホテルの共用部にあるトイレだ。「皆がきれいに使うホテルのトイレのように、きれいに保ってもらえる雰囲気にしようと考えた」(谷尻氏)

完成したトイレに一歩、足を踏み入れると、コンクリート打ち放しの外壁とは対照的な空間が展開する。内部の壁面は、キメが細かく、ざらりとした肌合いのコンクリート洗い出し仕上げで、トイレブースなどはアコヤ材の板張りで仕上げてある。各所にあるサインも真ちゅうを用いてデザインしたもの。

コンクリートの外壁に囲まれていながらも、トップライトから入る自然光や、絞った照明によってホテルのトイレのような落ち着いたたたずまいを見せている。

性別の在り方にも踏み込む空間構成

利用者が意外に感じるかもしれないのが、男女の区別を取り払った箇所がある点だ。出入り口は1つで、男女に分かれていない。さらに洗面なども男女共用の空間として、トイレの中心に据えてある。男女の空間は、洗面を境に分かれている。一方、プライバシーを保護できるよう十分に閉じていながらも、安心感や風通しを体感できるのは、外壁の足元を浮かせているためだ。

「東京オリンピック・パラリンピックが通常通り開かれれば、世界中から多くの人たちが訪れるはずだった。世の中全体にジェンダーレスの動きもあり、従来の公衆トイレにあった男女のくくり方を見直した」と谷尻氏。

街なかのアート、ホテルのようなインテリア、ジェンダーレスを考慮した空間構成など、公衆トイレの意味を根本から問い直した。

トイレブースはアコヤ材の板張り仕上げ。ホテルのトイレのような雰囲気が漂う

真ちゅうでデザインしたサイン

壁面はコンクリート洗い出し、トイレブースは木質仕上げ

男性エリアからの見通し。外壁の途中、光の差し込むところが男女共用の出入り口。その向こうが女性エリア

断面図　1/150

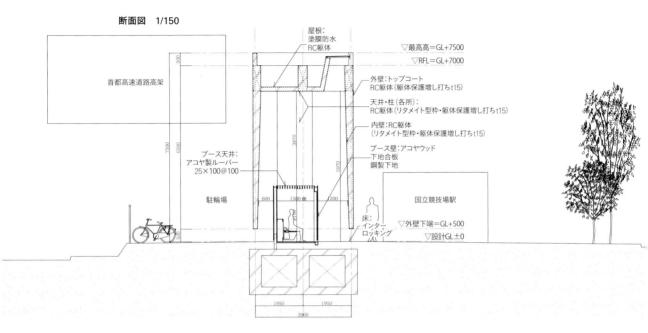

屋根:
塗膜防水
RC躯体

▽最高高=GL+7500
▽RFL=GL+7000

首都高速道路高架

外壁:トップコート
RC躯体(躯体保護増し打ちt15)

天井・柱(各所):
RC躯体(リタメイト型枠・躯体保護増し打ちt15)

内壁:RC躯体
(リタメイト型枠・躯体保護増し打ちt15)

ブース天井:
アコヤ製ルーバー
25×100@100

ブース壁:アコヤウッド
下地合板
鋼製下地

駐輪場

床:
インター
ロッキング

国立競技場駅

▽外壁下端=GL+500
▽設計GL±0

西側の外観。都営地下鉄大江戸線の出入り口と、首都高速道路の高架橋に挟まれている

Data

■所在地:東京都渋谷区
■用途:公衆トイレ
■敷地面積:75.92㎡
■延べ面積:75.92㎡
■構造:鉄筋コンクリート造
■発注者:東京都渋谷区
■設計協力者:オーノJAPAN(構造)、ZO設計室(設備)、
　Modulex(照明)
■施工:辰　■動画制作:toha
■設計期間:2019年11月～12月
■施工期間:2020年2月～8月

5 武雄プロジェクト（進行中）

公園

佐賀県武雄市、2022年（予定） | 設計：石橋・SUPPOSE DESIGN OFFICE 設計共同企業体

佐賀県武雄市で、運動公園整備と新体育館建設の事業が進んでいる。
SUPPOSE DESIGN OFFICEが佐賀市の石橋建築事務所と共同で、
「パークリノベーション」という斬新な提案をした。

既存野球場を広場に転用
パークリノベーションを提案

　プレゼンテーション用の模型を見ると、建設予定の体育館を取り囲む緑地の輪郭が、野球場の形をしていることに気づく。三塁側の位置にはベンチやスタンドらしい場所もある。これは、実際にこの場所にあった野球場を可能な範囲で残して広場などに活用し、新たに建設する体育館と一体的なランドスケープとして再構築する設計案の模型だ。

　この事業を進めているのは、佐賀県西部に位置する人口4万8000人あまりの武雄市。2022年に暫定開業する九州新幹線西九州ルートが、市の玄関口であるJR武雄温泉駅に乗り入れることもあり、市内では今、様々な形でまちづくりの取り組みが進んでいる。

　その1つが、武雄温泉駅から南東に1kmほどのところにある運動公園の再整備だ。各種スポーツ施設がそろう広大な公園の一部、老朽化が進んだ既存の体育館と野球場を取り

壊して、新しい体育館を中心とした公園に再整備する。武雄市は2020年に基本設計業務の公募型プロポーザルを実施し、佐賀市の石橋建築事務所と、SUPPOSE DESIGN OFFICEの設計共同企業体（JV）を優先交渉権者に選定した。高く評価された設計JVの提案の1つが、「パークリノベーション」というコンセプトだ。

「禁止事項」のない公園を目指す

谷尻氏らは、武雄市について調べる中で、市が掲げる「あるモノを活かして、ないモノをつくる」というスローガンを知った。「そのことに共感を覚え、今回の事業でも、対象敷地にある既存の野球場を生かしながら体育館をつくったら武雄らしさを出せると思った。そこで、パークリノベーションを掲げてプロポーザルに臨んだ」。コンセプトを着想した背景を、谷尻氏はそう説明する。谷尻氏の目に留まったスローガンは、武雄市が18年に定めたキャッチコピー「それ、武雄が始めます。」の説明文

に書かれている一文だ。

既存の野球場は1976年に完成した。「昔ながらの野球場なので、フィールドをぐるりと取り囲むスタンド部分が、盛り土の土手のようなつくりだった。その土手やベンチなどを可能な範囲で残し、コンバージョンして使ってもらう提案を考えた」（谷尻氏）

公園の使い方についても、新しい取り組みを提案した。公園利用の「禁止事項」をなくそうというものだ。「世の中にある公園は禁止だらけ。それをすべてYES！にし、NO！のない公園にしようという、ほかではやっていない新しいチャレンジは武雄らしいと思った」と谷尻氏は話す。この点もプロポーザルでは、「禁止事項をなくし、公園利用のガイドラインを市民がつくるといった先進的な公共空間活用の考え方」として高く評価された。

当初、武雄市が公表した整備スケジュールによれば、2022年度に新体育館がオープンし、翌23年度に周辺の公園整備も含めた全体の利用開始を予定している。

閉鎖される野球場の一部を残して、イベントやキャンプなどに利用できる広場を提案

野球場のスタンドだった土手の一
部を、広場での活動を眺める憩い
の場などに利用するアイデア

基本設計の概要

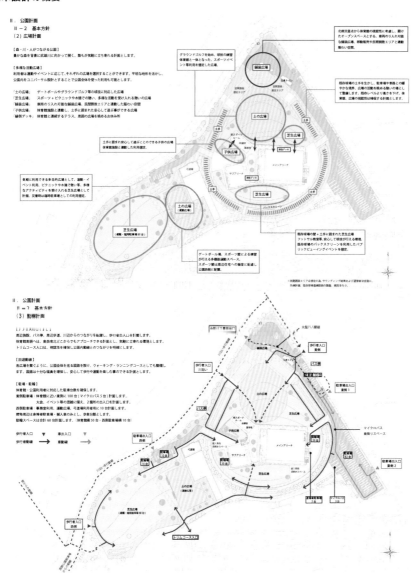

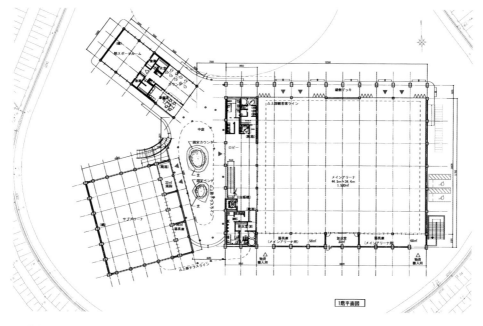

1階平面図

Ⅲ-5　立面計画

(1)景観計画
・均配屋根とすることで圧迫感の少ない建築とします。

(2)立面計画
・屋根上に設備スペースなどを設けない計画とすることで建築高さを必要最低限とし、圧迫感を配慮します。
・テラスの手すりをスラブ一帯の腰壁とすることでシンプルな外観構成とします。
・メインアリーナ北側はグラウンドとのつながりに配慮し、見通しの良いガラス建具を採用します。
・メインアリーナとサブアリーナの屋根を分けることで、屋根ボリュームを極力小さくおさえます。

(2)色彩計画
・アースカラーを基調とすることで周辺の山などの自然環境に溶け込む計画とします。

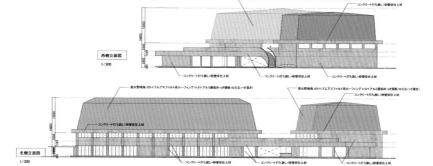

西側立面図
1/300

北側立面図
1/300

公園全体の計画は、「森・川・人がつながる公園」がテーマ。豊かな森を背景に武雄川に向かって開く、誰もが気軽に立ち寄れる計画とした。ランドスケープデザインは、EARTHSCAPE（アースケイプ）の団塚栄喜氏が担当している

日経アーキテクチュアの記事やインタビューから、谷尻氏を知るための5つの重要ワードを拾った

Keyword 1 | 「ダメ」を魅力に変える

「そもそも僕自身がダメなスタートだった。設計でもダメな条件だからこそ魅力に変わることがあるはず」。活躍が目覚ましい谷尻誠氏はこう切り出す。1974年生まれの34歳ながら、広島を中心に、既に50棟を超える住宅などの設計を手掛けた。2008年には東京事務所も開設した。

「僕は大学に行っていないし、いわゆるアトリエ事務所に勤めた経験もない。以前は建築雑誌にはそういう建築家は載らないのかと思っていた」。

専門学校を卒業後、地元の設計事務所で実務の経験を積み、2000年に独立した。最初は友人のつてで、店舗の設計の依頼がいくつかあったくらい。「1年ほど焼鳥屋でバイトしながら食いつないだ」

01年末に最初の住宅が完成。せっかくだから、建築と接点がない人にも興味を持ってもらえるようなオープンハウスにしたいと考えた。

「店舗設計を通じて知り合いができたので、ダイレクトメールを置かせてもらった。家具に興味を持

SUPPOSE DESIGN OFFICE（サポーズデザインオフィス）の広島事務所にて

2009

谷尻氏が日経アーキテクチュアの誌面に初登場したのは2006年9月。それから約2年半後の09年1月、同誌の特集「注目の10人」でトップを飾った。建築界で最も活動が注目される10組に選ばれたものだ。当時は広島を中心に活動しており、広島近辺では、複数の若手建築家の活躍が目立っていた

つ人が建築にも興味を示すだろうから、その家で2日間だけ家具屋を開いた。まずはこんな家があることを知ってもらえる場にしたかった」

工夫が功を奏してオープンハウスには300人が来場。回を重ねるごとに人が人を呼び「オープンハウスに参加したおかげで自宅ができたのだから」と建て主から開催を提案されることも増えた。建て主の輪も次第に広がっていった。

冗談交じりの会話から着想

「常識」という名の先入観から脱し、出会った相手と対話して建築の領域を拡大する。そんな谷尻氏の姿勢は、設計そのものにも共通する。

「西条の家」（07年）では建て主が当初、中庭を要望した。話をよく聞いたら、プライバシーが守れて快適な住宅の比喩が「中庭」だった。敷地に比較的余裕はあるが、予算は厳しい。知恵を絞っているうちに、約1m下の支持層まで掘り下げて半地下形式とし、残土で周囲に丘を築くという発想が生まれた。

後は屋根を架ければ、プライバシーを自然に守るシンプルな住宅になる。構造家の名和研二氏の力を借りることで、斬新な住宅が姿を現した。

08年秋の「デザインタイド」では会場デザインを

東広島市に2007年完成した「西条の家」。半地下空間を持つ

担当。半透明の不織布を縫い合わせ、ヘリウム風船で吊り上げることで、ブースの内外を緩やかにつないだ。ファッションデザイナーに「布で大きな服をつくろう」と誘いかけて実現にこぎ着けた。

アイデアはスタッフとの冗談交じりの会話から生まれることも多い。着想の豊かさの裏にも、コミュニケーション力の強さが潜んでいるようだ。

「大きなプロジェクトになっても、ダメなことが魅力になる方法があるのではないか」と谷尻氏。その場にあるものを否定せずに、いつも初めてのときのように考えていきたいと言う。社会の「閉塞感」の多くは、自分の思い込みがつくっているのではないかという思いにかられる。

Keyword 2 | 「初めてのように」考えて設計

　僕のすごく好きな本で「はじめて考えるときのように～『わかる』ための哲学的道案内」（野矢茂樹著・植田真絵、PHP研究所）という、考えることについて平易に説いた哲学絵本があります。この本と同様に僕も新たなプロジェクトに向き合うとき、経験を積んでいたとしても、もう一度「初めて」考えてみるように努めています。

　光をデザインするというと、光＝照明と結び付けがちですが、そもそも光とはどういうものなのか、まずそこに僕の興味は行きます。空はなぜ青く見えるのか、太陽はなぜ夕方になるとオレンジ色になるのか。調べていくと、空気中の粒子が反射して色が変化しているのだと分かります。その反射を制御できれば、自然現象のような光を設計できるのではないか。そんな考え方で臨んだのがミラノのインスタレーションです。雲や空からアイデアを得て、光と煙を使ったインスタレーションを、照明デザイナーの岡安泉さんらと考えました。

　光を見てもらう部屋は陰のない空間で、天井にぽっかりと穴が開いています。穴にはLEDの素子約3000個を埋め込み、1灯ごと色と明るさをプログラミングで制御しています。煙は、そのまま漂い続けるように出力と換気量やルート、水との混合具合などを変えながら、刻々と移ろうような自然に近い光を生み出せるかを試行錯誤しました。

天井高の概念を変えたい

　東京・湾岸エリアのプロジェクト「TABLOID（タブロイド）」でも自然の現象をモチーフにしています。印刷工場をオフィス・商業複合施設としてリノベーションした中に写真スタジオ兼イベントスペースがあり、僕はその大きな吹き抜けの空間のデザインを担当しました。

　コンクリートの天井で仕切られたすすでは、人はその向こう側など想像しません。しかし、もしも天

2010

2010年4月にイタリア・ミラノで開かれたミラノサローネで、東芝の会場構成を担当した谷尻氏。同年5月に日経アーキテクチュアが主催した照明イベントでの基調講演をまとめたのが上の談話だ。08年の「デザインタイド」では会場デザインを担うなど、活動範囲を広げつつあった

「TABLOID（タブロイド）」の写真スタジオ兼イベントスペース

井に空を実現できたなら、人は建物の向こうを想像し始めるようになるのではないか。そうすることにより、建築の天井高という概念自体を少し変えることができるのではないか。空に近い現象をつくるために素材などを検討し、結局、しわを付けたアルミホイルを天井面に張り、LEDの光を乱反射させてその下に張った半透明の幕に投影することにしました。光を動かすと、まるで室内に空が生まれたような感じになります。

　昔の建築家は、自分が設計した建物に合う照明や家具を、1からデザインしています。同じように、照明や環境のエンジニアとも一緒になって、物事を根本から考えていくことで、これまでにない新しい照明や新しい建築を生み出していきたい。

　例えば、新しいリンゴをつくるというと、今までにないピンクや紫色のリンゴを思い浮かべるかもしれません。でも僕の考える「新しさ」は、落ちたばかりのリンゴを拾い上げ、実はこれがリンゴの最もおいしい食べごろの時期なんだよと、新しい価値観を提示することです。そうすれば、人生や、毎日の様々なものとの出合いも豊かになると考えています。（谷尻氏、談）

Keyword 3 │ スケッチ1点にコンセプトを集約

SUPPOSE DESIGN OFFICE（サポーズデザインオフィス）は、建て主の要望以上の提案をすることが珍しくない。間取り変更による既存住宅のリノベーションを依頼された「千葉の家」（2013年）は、その一例だ。屋根を延ばして庭を屋内空間に取り込む増築を実施し、庭のように開放的なリビングを生み出した。

こうした"要望以上"の計画案は、建て主にどのように説明して理解を得ているのだろうか。

「設計する際には、住宅や建物を何のためにつくるのかという点から考えている。計画の骨格を自分たちで再確認してから設計を進めたいし、建て主にはそれを分かりやすく伝えたい。そこで、簡単なスケッチを描くことが多い」と谷尻氏は話す。

例え話を用いて誰にでも分かりやすく

千葉の家では、既存棟と木のある庭が並んだ計画前と、その庭に大きな屋根を架けた計画後の断面を対比させた。ポイントを1つに集約した上で描くので、計画の骨子が一目で理解できる。「最初のコンセプト図で建て主と握手できれば、軸をぶらすことなく計画を進められる」（谷尻氏）

谷尻氏と吉田愛氏が用いる平易な言葉も、シンプルな図を補足する。住宅の打ち合わせの場では専門用語が飛び交いがちになるが、2人は誰が聞いても分かる言葉で話すように心掛けている。

谷尻氏の場合、何かに例えることが多い。取材中に2人の役割分担を聞いた際も、「僕は山に登るという『目標』を立て、吉田はこうすればいいという具体的な『登り方』を提案する」と答えた。

比喩を使うときには、料理やファッションなど聞き手が興味を示しそうな分野を選んでいる。「人に合わせるのは天才的で、そういう面では計算高い（笑）」と自己分析する谷尻氏の話術の背後には、相手を観察するアンテナの鋭さがある。

2015

日経アーキテクチュアに2014年1月から16年10月まで連載された「人を動かすプレゼン」。谷尻氏と吉田愛氏のパートナーは、15年11月と12月の2回にわたって登場した。12月の後編で、両者がプレゼンのポイントとして挙げたのが3つ。その筆頭が上に示された内容だ

単純化したスケッチで
計画の骨子を示す

改修の依頼に対し、屋根を延ばしてリビングを増築する計画を提案。建て主が以前、庭から見ていた既存棟の外壁をリビング内から見せることで、庭にいるような開放感の増幅を狙った

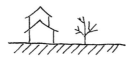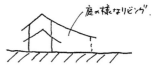

庭の様なリビング

庭に大きな屋根をかけることで、昔から知っている外壁の記憶が、よりリビングを外として感じさせている。

千葉の家の増築したリビング。上の手描き図は雑誌掲載用に作成したもの。普段こうした図はプレゼンテーション時にその場で描いて示している

Keyword 4 | 新しい価値を実物で示す

谷尻 ホテルと住宅で同じ過ごし方をしても、なぜかホテルのほうが、気持ちが高ぶります。例えば、ホテルのようなサービスのない住宅でも、気持ちの高ぶりをデザインできたら暮らしは豊かになる。

僕らは常に新しくて価値があるものを提案したいと思っています。それは、実物でプレゼンテーションする以外にない。あくまでも設計事務所として、リアルな体験の場のポートフォリオをつくっている。それがホテルを企画した根っこです。

吉田 それをピュアに伝えるなら、もちろん、自分たちで運営するよね。やると決めた目的のために、足りないものがあれば、つくるというわけです。

谷尻 どんなホテルかは、すごくシンプルです。「自分たちが泊まりたい、遊びに行きたいホテル」。常

に心掛けているのは、「良い違和感」。物事は常に隣り合わせであるからこそ、感化されたり成長したりできる。そのためには"混ぜる"しかない。

吉田 例えば客室では、室内空間ながら、露天風呂のような開放感がある。そんな違和感をデザインに取り入れています。

等身大の街づくりを目指す

谷尻 多くのホテルでは、運営サイドの収益性と管理のしやすさが設計時の主題です。けれど、設計事務所がユーザー目線でホテルを開発するのなら、泊まったときにテンションが上がる要素は何か。それを突き詰めるほうが重要だし、素直です。

でも、そんなプロジェクトが勝手に舞い込むはず

2019

SUPPOSE DESIGN OFFICEが、同社広島事務所を移転する計画を進めている。新型コロナウイルス感染症の拡大で見直しが進むところだが、ビルを改修し、当初はホテルを併設して企画から運営までを自社で手掛ける予定だった。根底には、「ユーザー目線」を突き詰めたいという思いがある

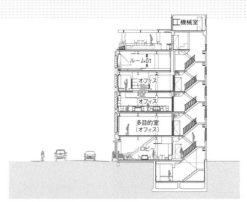

猫屋町ビル改修工事の断面図(計画案)

SUPPOSE DESIGN OFFICEが計画していた「ユアホテル」(猫屋町ビル改修工事)の完成イメージ。面積約50m²の客室を2部屋設置(上)。オフィス部分の3階はホテルのスイートルームのようなデザインでミーティングなどに使う(中)。1階には、東京事務所に併設するのと同様に自営の「社食堂」を設置(下)

がない(笑)。だから、実現するための方法から設計するということです。

吉田 もちろん、ビジネスとして成立させることは前提です。その上で、時代に合わないスキームや基準そのものを突破したい。常に新しい勝ち方をどう生み出せるかはテーマの1つです。

　自分たちがいいと思う場所をつくって、面白い人が集まってきて、広島の街がちょっとずつ変わる。そんな規模感で、街づくりがしたいんです。

谷尻 街には事業性の高い「チェーン店」が増えますが、これからは個人の時代です。パーソナルな考え方や取り組みに共感し、人が集まる。ホテルもそうです。ユーザー1人ずつが、その人にとっての「自分が泊まりたいホテル」を探している。僕らが理想とするホテルに共感してくれる人がどれだけいるか。もちろん、自信はあります。

Keyword 5 ｜ 混ざり合う社会に

建物を「何かをする場」と限定的に捉えることは、これから減っていくのではないでしょうか。住んで、働いて、商売もできる。そのためには、用途地域制限も見直さないとダメでしょう。例えば、街に住みながら働く場合、住宅街の中にオフィスや食堂、保育園などが欲しい。建物も職業も働き方も、混ざり合う社会になるのではないかと思います。

最近手掛けたプロジェクトで興味深かったのが、ほぼ日（東京都千代田区）のオフィス移転に伴う内装設計でした。2020年3月ごろに打ち合わせを開始したとき、糸井重里社長が提示したコンセプトは、「夜逃げできるオフィス」でした。

変化が激しい時代だからこそ軽やかな対応が求められる。そうした意味を「夜逃げ」に込めています。設計ではそのコンセプトを基に、空間をつくり込みすぎないことにこだわりました。

建て主の意識が変わったと感じた例がもう1つ。植栽関連事業を手掛けるSOLSOの新社屋です。窓を開放すると屋内外が一体となり、室内に木陰ができるようなオフィスを目指しています。コロナ禍で、オフィスでも「外を使う」提案が受け入れられやすくなったと感じます。（谷尻氏・吉田愛氏、談）

2021

日経アーキテクチュアで毎年恒例となっている特集「プロジェクト予報」。21年の表題は「ニューノーマル建築はこれだ！」。新型コロナウイルス感染症の拡大を受け、これからの建築・住宅を占う記事だ。谷尻氏とパートナーの吉田愛氏が見いだしたテーマは「建物も職業も働き方も混ざり合う社会」だ

SOLSO新オフィスの内観イメージ。植栽関連の事業を行う企業の新社屋。平地と斜面に分かれた敷地に沿って大屋根を架け、建築と自然が混ざり合う計画とする。21年12月完成予定

CHAPTER

2

事業展開から探る
ビジネスの発想

1 社食堂

2017年事業スタート

社員食堂を街にも開放したカフェのような空間が、設計事務所と隔てられずに共存する。
「社員の食生活を改善し、街にも貢献する」という発想に共感する企業から、設計の依頼がある。

「健康な細胞」を手に入れる食事を提供

　昼の時間が近づくとランチに訪れる客が少しずつ増えてくる。慣れた雰囲気で席に着く常連らしい姿もある。そして、SUPPOSE DESIGN OFFICE（サポーズデザインオフィス）のスタッフの中にも、厨房で受け取ったランチプレートを自席に運んでいく人がいる。

　SUPPOSE DESIGN OFFICEが運営する「社食堂」は、設計事務所に併設した珍しいタイプの飲食店だ。社員食堂を一般の人たちが利用できるようになっており、しかもスタッフが働くオフィスとは壁などで仕切られることなく1つの空間に共存している。

　社食堂は、「社員＋社会の食堂」をコンセプトに、2017年にオープンした新しい飲食業態だ。谷尻氏が社食堂を立ち上げたきっかけは、スタッフの食生活にあった。「特に若いスタッフが、コンビニなどで弁当を買ってきて、パソコンを見ながら食べている姿を何度も目にした。うちだけでなく、クリエーティブなオフィスは似たような状況なのではないかと心配になった」と、谷尻氏は振り返る。

　食事は細胞の原料――。料理家で、谷尻氏の妻である直子氏が、しばしば口にする言葉だという。「細胞の原料がコンビニなどの弁当という状況を解消したかった。よい仕事をするためには、よい食事を取って健康な細胞をデザインする必要がある。そこで事務所に食堂をつくろうと思った」（谷尻氏）

　さらに、設計事務所を"開く"ために、一般の人たちにも利用してもらおうと考えた。

社食堂のアウトライン

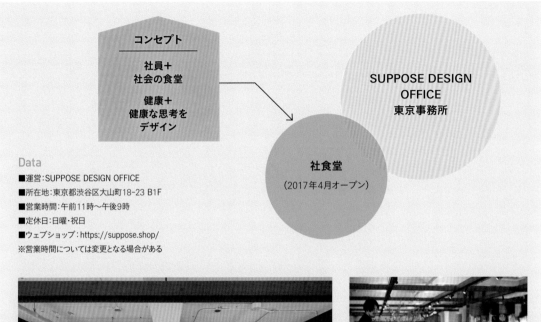

コンセプト

社員＋
社会の食堂

健康＋
健康な思考を
デザイン

SUPPOSE DESIGN
OFFICE
東京事務所

社食堂
（2017年4月オープン）

Data
■運営：SUPPOSE DESIGN OFFICE
■所在地：東京都渋谷区大山町18-23 B1F
■営業時間：午前11時〜午後9時
■定休日：日曜・祝日
■ウェブショップ：https://suppose.shop/
※営業時間については変更となる場合がある

一般の人が利用するカフェの座席から見る（左）。厨房を中心に、向こうに見える設計事務所の空間が一体につながっている。上は谷尻氏やパートナーの吉田愛氏を中心とした食事の様子（写真：伊藤 徹也）

食堂を介して設計事務所を開き、活動を知ってもらう

「設計事務所の日ごろの活動は、世の中からは見えない。それを日常的にパブリックにして、我々がどのように働いているのかを見てもらうことには意義があると思った」(谷尻氏)。一般の人たちの健康につながることに加えて、そこにも"社会の食堂"として開放した大きな理由がある。

当初、そのアイデアには内部から異論も出た。「落ち着いて仕事ができない」「業務の守秘義務を確保しづらい」といった意見だ。「そうしたネガティブな意見を聞くほど、『あ、これはまだ価値化されていないんだな。この業態はまだ誰も手をつけていないブルーオーシャンだ』と思った」。そう反応したあたりが、いかにもポジティブな谷尻氏らしい。

設計につながるノウハウを得る直営

オープン以来、専属のスタッフを雇ってSUPPOSE DESIGN OFFICEが直営している。それには訳がある。特に商業系の建築やインテリアを設計する場合、クライアントは運営者であることがほとんど。しかし、設計者は通常、完成して引き渡したら仕事が終わり、その後の運営のことは分からない。「設計者である自分たちが、実際の運営の知識を持っていたほうが、設計の提案力も上がるはずだし、より誠実に向き合えるようになるとの思いから直営で続けている」(谷尻氏)

新しい店のオープン当初は、社会で働き方改革が注目され始めた時期で、社員の食生活に配慮した社食堂は、先進的な取り組みとして頻繁にメディアの取材を受けた。さらに、社食堂のコンセプトに共感する企業などから、企画提案や設計を依頼されることも増えた。

その後、共同主宰の吉田愛氏を中心に、オリジナルのメニューや各種グッズの開発などを積極的に展開。オンラインショップも開設するなど、活動の幅を着々と広げている。

社食堂をベースとした事業の展開

社食堂

社食堂の入り口。BACH(バッハ)の幅允孝氏の選書による書棚を配置(写真:伊藤 徹也)

新事業

社食堂の取り組みは、新業態のコーヒースタンド「BIRD BATH & KIOSK(バードバスアンドキオスク)」の企画・設計・運営などの新事業にもつながった(写真:高木 康行)

ウェブショップ

オンラインショップの画面

オリジナルのメニューやグッズも開発。オンラインショップでも販売している。写真はカレー皿(写真:野町 修平)

絶景不動産

2017年事業スタート

「見たことのない風景を提供する」という切り口から不動産事業を始めた。
土地選定時から建築家が関わることで、建築の価値を高めたいとの思いがある。

残念なエピソードをきっかけに不動産会社を設立

絶景不動産の設立は"残念なエピソード"をきっかけに始まった。あるとき、谷尻氏は日本に別荘を建てたいという米国のクライアントから土地探しを頼まれた。「いい森を一緒に探してほしい」と。「いい森」と言われてフランク・ロイド・ライトが設計した「落水荘」(1936年)を連想した谷尻氏は、森と水がある風景と同化した建築を思い描き、滝のある土地を探した。ところが、見つけた土地をクライアントに紹介したところ、「滝がうるさい」と言われてしまい、がく然としたという。

後日、知り合いの不動産会社の社員と雑談を交わす中で、谷尻氏はその残念なエピソードを話した。「絶景不動産というプラットフォームをつくれば、『滝がある土地がいい』という

人が出てくるはず。いい風景を伝える不動産会社をつくりたい」

数カ月後、その不動産会社の社員だった高木正浩氏から、「会社を辞めるので、絶景不動産を立ち上げましょう」という打診を受けた。そして、雑談の際に口にした名称をその まま使った絶景不動産を2017年3月に設立した。谷尻氏と吉田愛氏が代表を務め、取引責任者には、高木氏が就いた。

「すでに不動産市場に出ている土地に限らず、車で走っているときに『ここに建物をつくったらいいな』と思う土地を交渉して不動産物件にさせてもらうこともある。ニッチな市場だが、特殊な土地を探している人もいるはず」と谷尻氏は話す。

絶景不動産の体制と業務内容

絶景不動産株式会社
東京都渋谷区(2017年3月設立)

代表取締役
谷尻 誠
SUPPOSE DESIGN
OFFICE代表取締役

代表取締役
吉田 愛
SUPPOSE DESIGN
OFFICE代表取締役

取引責任者
高木正浩

業務内容
不動産商品に関する企画・仲介・売買・貸付管理・
コンサルティング、建築に関する企画・監修

SUPPOSE DESIGN OFFICE東京事務所と同じ場
所に事務所を置く。左から共に代表を務める谷尻
氏と吉田氏、取引責任者の高木氏
(写真:日経アーキテクチュア)

「まだ見ぬ風景をデザインする」をコ
ンセプトに、敷地と建物をセットにし
て風景を顧客に提案する

買う
絶景を望む売り地の紹介

借りる
絶景を望む貸家などの紹介

泊まる
絶景を望む宿泊場所の紹介

資料:絶景不動産

「風景」を切り口に土地や建物の価値を上げる

　「昔から不動産に関わりたいという思いを持っていた」と谷尻氏は言う。というのは、建築家はクライアントが土地を購入してから設計の依頼を受けることが大半で、しばしば残念な思いをしてきたからだ。「土地を買って余った予算で建物をつくることになるが、土地選びの段階でミスをしている人がけっこう多かった。土地を買ったもののどうにもならず困っているので何とかうまく設計してほしいと。だから、敷地を選ぶところから関わりたいと思っていた」（谷尻氏）

　風景のよさを切り口とする絶景不動産のウェブサイトで紹介されている土地は、明らかに一般の不動産物件とは違う。実際の事業として、どのくらい成り立つのかが気になるところだが、最近、急に問い合わせが増えてきたという。それも、個人からの相談にとどまらず、企業などが購入した広大な敷地の開発の相談もあるという。なかには実際の事業化を視野に動き始めている土地もあり、谷尻氏はロケーションを生かした土地活用の企画から関わっている。

自ら土地を購入して開発する事業も

　「自分たちで土地を購入し、企画・設計・運用までを一貫して手掛けられる会社にできたらいいという思いがある」。谷尻氏は、絶景不動産にそんな展望を持っている。

　実際、絶景不動産は、土地の販売だけでなく、既存の建物の賃貸や宿泊の事業も手掛けている。放っておけば目を向けられることのない大自然の土地に価値を付けるだけでなく、街なかに立地する土地や建物も、風景を切り口にした企画力で資産価値を高めようとしている。その取り組みの意義は、すでに自宅「HOUSE T」で実証済みだ。最近では、広島市の山間部に滝のある広大な敷地を購入しており、新しい企画を練っているところだ。

絶景不動産が取り扱う情報例

絶景不動産のウェブサイトでは、「買う」「借りる」「泊まる」の3つのカテゴリーで物件を紹介している。風景のよい土地の売買だけでなく、風景を楽しめる既存の建物の賃貸や宿泊の事業も手掛ける

TECTURE

2020年検索サービスリリース

建材探しの検索作業を効率化しないと、建築設計業界の労働環境は改善しない。
谷尻氏が感じたことを事業化。空間デザインの無料検索サービスを開始した。

建材情報を効率よく見つけるプラットフォーム

「隈研吾さんが使っていた壁の仕上げ材が気になるので調べておいて」「クライアントから、木質系の仕上げ材を求められたので、複数を比較できるようにしておいて」。設計リーダーのひと言に、数時間、いや数日も検索に費やす設計事務所のスタッフもいるだろう。

谷尻氏はオフィスで働いているスタッフのモニターが検索画面だったのを見て、「検索が仕事になってしまっている」と感じた。これが新たな事業のきっかけになった。

「検索ベタなスタッフならば仕事が進まず、夜中まで図面を描いていることもある。検索の効率を上げないと、ただでさえブラックな設計業界がもっとひどい状況になってしまう。これは、どの設計事務所も共通。探している建材が効率よく見つけられるプラットフォームをつくれば、この業界は良くなる」。このように谷尻氏は思い立った。

知人に、システム開発を担う人物を紹介してもらおうとSNS（交流サイト）でメッセージを送ったところ、開発者でAR三兄弟の川田十夢氏が、「それは素晴らしい。一緒にやろう」と自ら手を挙げてくれた。川田氏のマネジメントを担当する佐渡島庸平氏も、編集という立場から参加してくれることになった。

tecture（テクチャー）株式会社の代表として適任者が見つかった。隈研吾建築都市設計事務所を経て、LINEでサービスやオフィスのブランディングを担っていた山根脩平氏だ。谷尻氏らが口説いて了解を取り付けた。

tectureの体制と業務内容

tecture株式会社
東京都渋谷区(2019年2月設立)

発案者で取締役の谷尻氏(左手)
と、代表を務める山根脩平氏
(写真:日経アーキテクチュア)

代表取締役
山根脩平

取締役
谷尻 誠
SUPPOSE DESIGN OFFICE
代表取締役

取締役
佐渡島庸平
コルク
代表取締役会長
CEO

創業メンバー
川田十夢
AR三兄弟

業務内容
検索プラットフォーム「TECTURE」の企画・開発・運営

TECTURE (テクチャー)
空間デザイン検索サービス(空間デザイン事例の検索、建材・家具の製品検索、
メーカーへの問い合わせがワンストップで可能)

TECTURE MAG
テクチャーマガジン(デザインを基軸に、ビジネス・ファッション・アー
トなど、異なるジャンルをつなぐことで、クリエーティブにデザインを
サポートする空間デザインメディア)

資料:tecture

プロジェクトの写真情報をデータベース化

tectureは、投資家の出資を受けて2019年に設立され、20年6月に建築設計者やインテリアデザイナーなど、空間デザインを手掛ける実務者向けの検索サービス「TECTURE」のリリースにこぎ着けた。

空間デザイン事例の検索、建材・家具の製品検索、メーカーへの問い合わせをワンストップで——。これがキャッチフレーズだ。検索サービスは、建材メーカーなどから集める会費で運営し、誰でも無料で利用できる。併せて「TECTURE MAG」を立ち上げ、ウェブ上で空間デザインの情報を発信していく考えだ。

過去10年の写真情報をデータベース化

21年に入って「Casa BRUTUS（カーサ ブルータス）」の2月号と連動する形でアプリ「TECTURE AR」（製作はAR三兄弟）も公開。同誌に掲載された谷尻氏の自邸「HOUSE T」をAR（拡張現実）技術を用いてカタログ化し、話題を呼んだ。

tectureが目指しているのは、世の中に出ている雑誌などの写真に、プロダクト情報を付与することだ。「すべてをデータベース化しようと考えている。メディアに出ているものしか、人は検索しないからだ。TECTUREで調べれば何でも分かるようになったら、TECTUREで製品を買えるようにしようと考えている」。谷尻氏らはこう先を見据える。

これから2、3年かりに、過去10年ぐらいに掲載された写真情報をデータベース化していく予定だ。「大きく変わると書いて『大変』。そういう大変な作業は誰もやらないから、ビジネスチャンスがある」（谷尻氏）

データベース化には、検索システムを利用する設計者にも参加してもらう考えだ。「検索時に、出てくる情報と出てこない情報があったのでは顧客が不満を持つ。まずは写真情報を増やして、それをクリアしたい」（谷尻氏）

TECTUREの利用例

左列は、スマートフォン上での一般的な使い方。左から下にかけての画面のように、21年からは会社ごとにオフィシャルアカウントを発行し、自社事例を登録して情報共有ができるような仕組みもリリース

TECTURE MAGの記事トップ画面例。FEATUREやCULTURE、PROJECTなど7つのカテゴリーに分けて記事を発信

4 社外取締役

2020年オンラインサロンスタート

谷尻氏ら3人のトップランナーが、助言しながら実プロジェクトを推進する。
ベースとなるオンラインサロンには、約150人の有料会員が本気で参加する。

具体的な事業をつくる実践重視のサロンが始動

谷尻氏は最近、建築の設計以外にも、相談を受ける機会が増えている。例えば、商品のブランディングや企業戦略のコンサルティングなど。「それに応えるために会社をつくるのもピンとこないし、かといって、設計事務所がクライアント側に寄りすぎるのも違う気がした」と、谷尻氏は言う。

そこで、立ち上げたのが、株式会社 社外取締役だ。「依頼企業から決裁権まで与えてもらえるくらいの仕事ならば、戦略を立てながら手伝わせてもらうことはいいなと思った」と谷尻氏。ビームスというファッションの世界に身を置き、宣伝PRに詳しい土井地博氏、全国展開する住宅ブランドのフランチャイズ化を取りまとめる林哲平氏が共同代表だ。

谷尻氏と土井地氏は2017年、北海道の実験住宅を使ったイベントで出会って意気投合した。「いつか会社をやりたいね」「互いに今の仕事があるから、ヒントを与える人『ヒンター』という意味合いを持つ、『社外取締役』という社名だったらいいね」。この会話がそのまま実現した格好だ。

事業のベースとなるのは、会員制のオンラインサロン。社外取締役に相談が来たら、このサロンに働きかけてチームを組む場合もあれば、サロン内で「こんなことをやりたい」という提案が出たら、3人の代表が審査して事業レベルまで引き上げる場合もある。単なるファンコミュニティーではなく、具体的な事業をつくる場だ。すでに会員は約150人を数える。

社外取締役の体制と業務内容

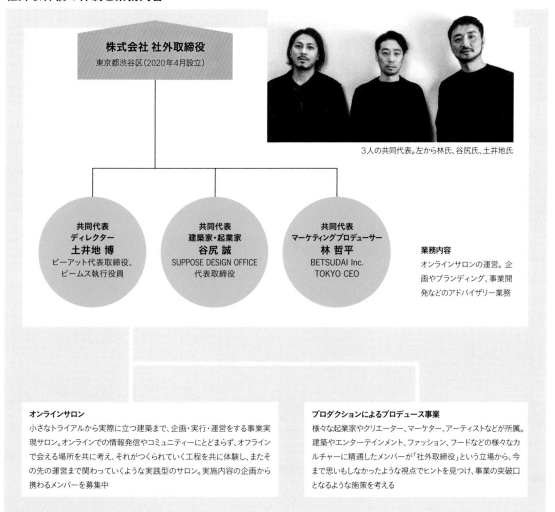

3人の共同代表。左から林氏、谷尻氏、土井地氏

株式会社 社外取締役
東京都渋谷区（2020年4月設立）

**共同代表
ディレクター
土井地 博**
ビーアット代表取締役、
ビームス執行役員

**共同代表
建築家・起業家
谷尻 誠**
SUPPOSE DESIGN OFFICE
代表取締役

**共同代表
マーケティングプロデューサー
林 哲平**
BETSUDAI Inc.
TOKYO CEO

業務内容
オンラインサロンの運営。企画やブランディング、事業開発などのアドバイザリー業務

オンラインサロン
小さなトライアルから実際に立つ建築まで、企画・実行・運営をする事業実現サロン。オンラインでの情報発信やコミュニティーにとどまらず、オフラインで会える場所を共に考え、それがつくられていく工程を共に体験し、またその先の運営まで関わっていくような実践型のサロン。実施内容の企画から携わるメンバーを募集中

プロダクションによるプロデュース事業
様々な起業家やクリエーター、マーケター、アーティストなどが所属。建築やエンターテインメント、ファッション、フードなどの様々なカルチャーに精通したメンバーが「社外取締役」という立場から、今まで思いもしなかったような視点でヒントを見つけ、事業の突破口となるような施策を考える

資料：社外取締役、写真：社外取締役、©toha

オンラインサロンで知り合った学生が斬新な休憩所

社外取締役のオンラインサロンがスタートしたのは2020年5月。最初の1期生を募集したところ、個人会員の定員100人に対して600人を超える応募があったという。会費は、学生が月額4400円で、社会人が同8800円（共に税込み）。今は、法人会員は募集していない。会員が働く業界は多岐にわたり、20〜30代が中心となっている。

すでに具体的なプロジェクトが複数、動いている。「ファッションブランドや和菓子ブランドが立ち上がり、公表を待っている段階だ」と谷尻氏は言う。オンラインサロンに参加していた学生が、実際のプロジェクトを完成させたケースも出ている。愛知県春日井市の特注家具製造会社、アーティストリーの休憩所をつくる「NARAプロジェクト」だ。21年3月に休憩所が出来上がった。

個人的にオンラインサロンに参加していたアーティストリーの大西功起氏が、同サロンの会員となった9人の建築系学生とつながり、このプロジェクトが生まれた。同社は長年にわたって職人技術を培ってきた知る人ぞ知る家具製作会社だ。今回は5軸CNC（コンピューター数値制御）を用いた3次元加工によって、木製の斬新な休憩所をつくった。

会員が集まれるリアルな場も準備

全国に分かれていた学生は、オンラインで打ち合わせをしながら、2チームに分かれてコンペを開催。案の決定後は、クラウドファンディングも利用しながら、皆で力を合わせて実現にこぎ着けた。アーティストリーのメンバーをはじめ、参加した学生が実際に顔を合わせたのは、休憩所が完成したときだ。谷尻氏が要所でアドバイスを行っている。

「オフラインでも皆をつなげながら進めていきたい。会費収入を基に、会員が集まれるリアルな場もつくる予定だ」（谷尻氏）

プロダクションプロデュースの例

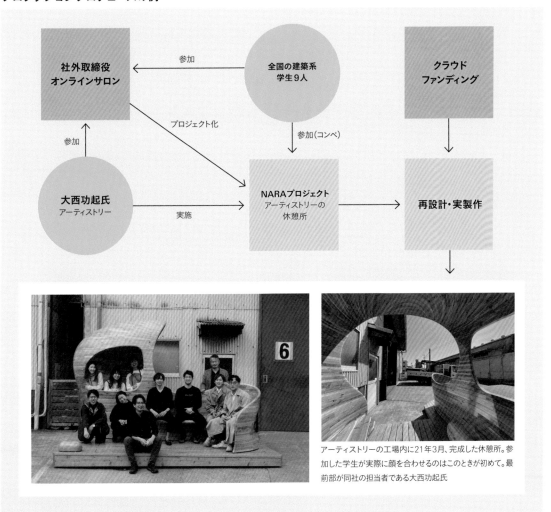

アーティストリーの工場内に21年3月、完成した休憩所。参加した学生が実際に顔を合わせるのはこのときが初めて。最前部が同社の担当者である大西功起氏

写真：アーティストリー

5 開発

DAICHI

2021年事業本格スタート

ネイチャーデベロップメントをうたい、豊かな自然の中での体験を提供する。
相談が相次ぐなど、早々に活発化する活動からもニーズの大きさがうかがえる。

自然のままで開発するネイチャーデベロップメント

　ここ数年、起業家として次々と新事業を興してきた谷尻氏にとって、DAICHIの設立はごく自然な流れなのかもしれない。2017年に「風景」を価値化する絶景不動産を立ち上げ、20年完成の自邸「HOUSE T」によって、名実ともにその意義を社会に向けて実証した。その延長線上にDAICHIは立ち現れた。

　谷尻氏は、HOUSE Tが完成する頃、植栽を設計してもらった齊藤太一氏（DAISHIZEN代表）と「次は別荘だね」というような話をした。「自宅を事業化できたので、次は別荘を事業化しようと考えた」（谷尻氏）。日ごろから自然に溶け込むキャンプをたしなむ谷尻氏は、「キャンプ以上、別荘未満」というイメージを描いていた。齊藤氏と一緒に別荘を建てて、自分たちが使わないときは貸別荘などとして運営するイメージだ。

　そのイメージはだんだん膨らんだ。「せっかくならば1カ所ではなく、いろいろなところに別荘を持って、多拠点で生活できるほうが楽しい。事業として本気でやってみよう」。そのための会社として20年9月にDAICHIを立ち上げた。会社の代表には、「社外取締役」のサロンメンバーで、キャンプ好きでもある馬屋原竜氏を招へいした。

自然と向き合う能動的な体験を価値化

　DAICHIは、豊かな自然環境の中で過ごす時間を提供するネイチャーデベロップメントの会社だ。「従来の宿泊施設のようなサービス

DAICHIの体制と業務内容

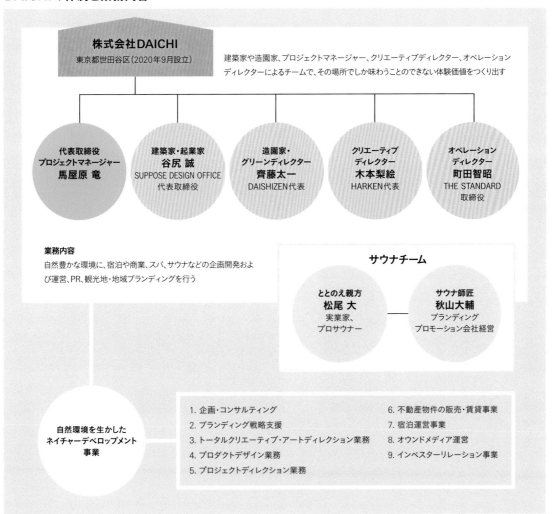

株式会社DAICHI
東京都世田谷区（2020年9月設立）

建築家や造園家、プロジェクトマネージャー、クリエーティブディレクター、オペレーションディレクターによるチームで、その場所でしか味わうことのできない体験価値をつくり出す

代表取締役
プロジェクトマネージャー
馬屋原 竜

建築家・起業家
谷尻 誠
SUPPOSE DESIGN OFFICE
代表取締役

造園家・
グリーンディレクター
齊藤太一
DAISHIZEN代表

クリエーティブ
ディレクター
木本梨絵
HARKEN代表

オペレーション
ディレクター
町田智昭
THE STANDARD
取締役

業務内容
自然豊かな環境に、宿泊や商業、スパ、サウナなどの企画開発および運営、PR、観光地・地域ブランディングを行う

サウナチーム

ととのえ親方
松尾 大
実業家、
プロサウナー

サウナ師匠
秋山大輔
ブランディング
プロモーション会社経営

自然環境を生かした
**ネイチャーデベロップメント
事業**

1. 企画・コンサルティング
2. ブランディング戦略支援
3. トータルクリエーティブ・アートディレクション業務
4. プロダクトデザイン業務
5. プロジェクトディレクション業務

6. 不動産物件の販売・賃貸事業
7. 宿泊運営事業
8. オウンドメディア運営
9. インベスターリレーション事業

資料：DAICHI

は提供しない。照明がない代わりに月の明るさに気づいたり、自分たちで薪をたいて風呂やサウナを堪能したりといった能動的な体験のラグジュアリーに価値を置き、そのための場を提供する」(谷尻氏)

すでに、千葉県いすみ市と静岡県御殿場市でプロジェクトが動いており、21年中に本格稼働する予定だ。ほかにも、コンテナタイプのパッケージ型別荘など企画は多彩だ。また、自前の物件に限らず、自然豊かな敷地の所有者から、企画開発のプロデュースを打診されるケースも各地で動き始めている。

GOTEMBA
山の高台で、建築によって切り取られる富士山の景色、土地の食材を楽しむ家。長さ4mのキッチンは屋外の開放感と室内の便利さを併せ持つ。斜面に架けられた大屋根の下には柔らかな日差しが入る

■所在地:静岡県御殿場市　■敷地面積:573㎡
■建築面積:112.63㎡　■竣工:2021年9月(予定)

ISUMI
寝室と水まわり以外の空間は屋外とシームレスにつながる。オープンなテラスには、目前の川と呼応するようにプールが配置され、冷えた体は暖炉で温める。外部の森や川のせせらぎと一体の空間に身を委ねる家

■所在地:千葉県いすみ市　■敷地面積:1045.25㎡
■建築面積:168.09㎡　■竣工:2021年9月(予定)

CHAPTER

3

クライアントや
友人が語る谷尻誠像

1 田中仁

ジンズホールディングス代表取締役CEO

仕事を断らないから提案精度が上がる

田中仁氏が起業したアイウエアブランド「JINS」は2001年の1号店から数えて、
今では国内だけで400店以上を展開する企業に成長し、業界に革命をもたらしている。
田中氏が店舗設計を谷尻誠氏に依頼するようになって早10年。
その付き合いを通して、田中氏は谷尻氏を「建築の枠を超えた建築家」と評する。

　谷尻さんと知り合ったのは2011年のことです。当社の経営がどん底から立ち直り、改めて積極的に事業を展開していこうとしていた時期でした。それまでもJINS（ジンズ）の店舗は設計を建築家に依頼しており、社内では建築家の情報をウオッチしていました。その中で目に留まった1人が谷尻さんでした。

　そこで、私から直接、SNS（交流サイト）で谷尻さんに連絡を入れたのが始まりです。実際の店舗設計は、最初に「宇都宮インターパーク店」（11年）、続いて「原宿店」（12年）を依頼。現在も、当社の本社がある前橋市の中心市街地で進行中のJINSのサテライトオフィスの設計を依頼しているところです。

要望に対する提案の精度が上がってきた

　第一印象として、「クライアントの困りごとを、建築を通して一緒に解決していきたい」という姿勢を持っている人だなと感じました。その姿勢は、今、谷尻さん自身が建築家の枠を超えて活躍していることにもつながっていると思います。

　実際のプロジェクトも、設計の前にワークショップのようなことから入っていきます。そこから生まれた斬新な店舗デザインの1つに「絵の具箱什器（じゅうき）」があります。JINSのシ

Profile

田中 仁(たなか・ひとし)
ジンズホールディングス代表取締役CEO、
田中仁財団代表理事
1963年群馬県生まれ。88年有限会社ジェイ
アイエヌ(現:株式会社ジンズホールディング
ス)を設立し、2001年にアイウエア事業「JINS」
を開始。13年東京証券取引所第一部上場。
2014年群馬県の地域活性化支援のため、一
般財団法人田中仁財団を設立し、起業家支援
プロジェクト「群馬イノベーションアワード」「群
馬イノベーションスクール」を開始。現在は前
橋市中心街の活性化にも携わる。慶応義塾大
学大学院政策メディア研究科修士課程修了

2013年にSUPPOSE DESIGN OFFICE(サポーズデザインオ
フィス)の設計で完成した「JINS前橋みなみ」。アラップの構造
設計で、スリムな柱の構造体を実現。ドライブスルー方式を導入、
SUPPOSEが東京・原宿店のリニューアルで考案した「絵の具
箱什器」を使用(写真:矢野 紀行)

ョップでは、以前から商品であるメガネのディスプレーに「マス目什器」を採用していました。従来のメガネショップは、平台に商品を並べていましたが、それだと来客が手に取って見ているうちに並びが乱れてしまいます。そうならないように取り入れたのが、メガネを1つずつ枠に収めるマス目什器でした。

谷尻さんは、それを進化させて、絵の具箱を積んだような什器を考案してくれました。そのアイデアがとても斬新で、その後もいくつかの店舗で継続的に設計を依頼するようになりました。

建築家として谷尻さんが優れているのは、こちらの要望を早い段階でつかんでアイデアを練ってくれることです。私は、建築家の提案に対して割とはっきりしたフィードバックをするタイプですが、谷尻さんは提案の精度がどんどん上がっていると実感しています。

なぜなのか。それは、彼が仕事を断らないからだろうと思います。おそらく彼は、オファーを受けた仕事は基本的にすべて受けてい

るはずです。そうして場数を踏んでいるから、おのずと腕が上がり、提案の精度も高くなっていくのです。

建築の枠を超えたまれな建築家

谷尻さんは「壁をつくらない人」です。誰に対してもオープンでフラットです。著名な建築家にありがちな"先生然"としたところは全くない。彼は、いわゆる建築界のエリートコースを歩んできた人ではないと思いますが、そのことがかえってよい方向に働いているところがあります。

建築界は、フェアな業界だと私は思います。実力のある人は、きちんと注目され、引き上げられていく。彼の活動がこうして広く注目されているのも、その表れでしょう。

私は経営者として、普段から多くの建築家と付き合いがあります。それぞれに個性を持っていますが、なかでも谷尻さんが素晴らしいのは、建築家の枠にとどまっていないことでしょう。いつも少年のように無垢（むく）な心

谷尻さんは誰に対してもオープンでフラット、
"先生然"としたところが全くない。

を持っていて、何か疑問を感じることがあると、それを解明するために、必要ならば建築の外にまで領域を広げて、新しい会社やプロジェクトを立ち上げていきます。最近の例で言えば、建材情報検索サービスの「TECTURE（テクチャー）」や、自宅の「HOUSE T」は、まさにそ

うしたプロジェクトだと思います。

　彼の発想力と行動力は、ある意味では規格外ですね。私も、自ら立ち上げた会社の経営をはじめ、様々な活動に取り組んでいるので、彼の活動に関する情報に触れるたびに大いに刺激を受けています。

誰よりも高いコミュニケーション力

どの項目も満点と言いたいところですが、あえて「決断力・指導力」を減点対象にしましょうか。彼は好き嫌いがはっきりした人間だと、私は見ています。それは間違いないはずです。そう考えると、決断力・指導力はあるものの、経営者としてのマネジメント能力にはまだまだ伸び代がある。その意味で「決断力・指導力」は4点にしました。それ以外は文句なしの満点です。特に、誰よりも高いと言えるのはコミュニケーション力です。建築家って割とシャイな人が多いですよね。でも、彼は子どものような天真爛漫（らんまん）さがあって、誰とでも分け隔てなく自然体でコミュニケーションを深めることができる。総合点としての「人間力」の採点は難しいですね。料理人には、「食材がよくなければいい料理はできない」と言う人がけっこういます。建築家にもそういう人がいるでしょう。それに対して、谷尻さんはどんな食材でもきちんと料理してみせる。そういう懐の深さを持ち合わせた人だと思います。

田中仁氏がレーダーチャートで評価

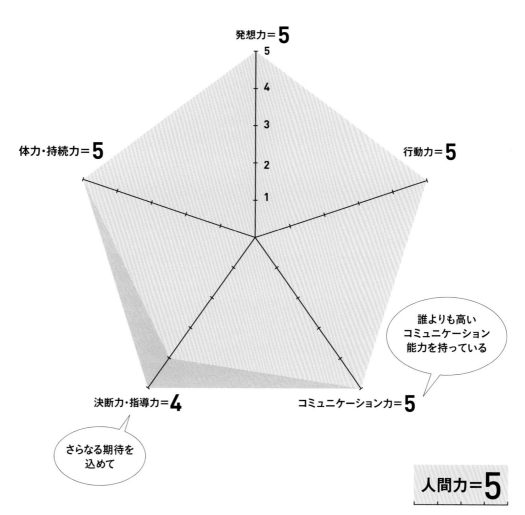

発想力=**5**

行動力=**5**

体力・持続力=**5**

誰よりも高い
コミュニケーション
能力を持っている

決断力・指導力=**4**

コミュニケーション力=**5**

さらなる期待を
込めて

人間力=**5**

2 佐渡島庸平

コルク代表取締役会長CEO、編集者、著作家

カッコいいと思う男性のナンバーワン

漫画家などを育てる辣腕編集者として名高い佐渡島庸平氏は、何事にも動じることなくポジティブな姿勢で前進する谷尻氏の器の大きさに魅了されたという。
2019年から、建材情報検索サービス「TECTURE」の開発に参加、起業家としての谷尻氏を見てきた。
一方、建築家としては、常識に斬り込み、「無理がない」発想で建築を具現化する姿勢に共感する。

谷尻さんのことは以前から知っていたのですが、とあるイベントで初めて話す機会があり、すごく気が合いました。後日、彼が広島でやっているTHINKというトークイベントに呼んでいただき、そのときいろいろと話をして、すっかり彼に魅了されました。僕にとって一番カッコいい男性は誰かといったら谷尻さんだと、いろいろなところで言っています。

THINKで広島を訪ねたときのエピソードとして、谷尻さんの人柄がよく表れた出来事があります。僕の隣で谷尻さんが電話をかけて、その話を聞くともなく聞いていると、どうやら彼は家の鍵をなくしてしまったらしいのです。

ところが、その話しぶりには焦りもイライラもなく、全く鍵をなくした人という感じではありませんでした。

つまり、彼はとてつもなく器がでかい。トラブルが起こることは、どこかで初めから覚悟しているところがあります。だから、何が起こっても、すぐにポジティブに対処を考え始める。悲観的になったり、誰かを責めたりすることもありません。そういう度量の大きさに僕は魅了されました。

届きそうもない目標を掲げる

谷尻さんが発案した建材などの情報検索

［図1］佐渡島氏の仕事と谷尻氏との接点

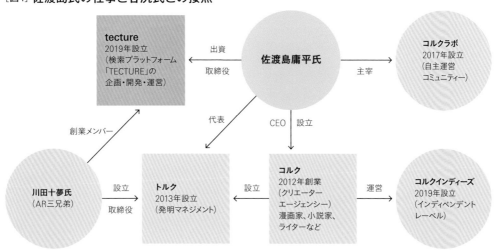

サービス「TECTURE（テクチャー）」を、2019年に一緒に立ち上げました。僕の中には、彼をもっと知りたいという思いがあったので、アイデアを聞いたとき、迷わず手を挙げました。新しい時代に合わせて建材を編集するビジネスだから、編集を生業とする僕も何か助言できるだろうと思ったのです。

　実際に彼と共同でプロジェクトを手掛けてみると、思った通りの人でした。僕だったらイライラしそうなことも淡々と取り組んでいく。今この瞬間にできることを全力でやる、そして目標にはとてもできそうもないことを掲げる。そのあたりは徹底していますね。

　TECTUREにしても、ITベンチャーだから彼の得意分野ではありません。その領域に谷尻さんがあえて踏み込んだのは、ITの進化に取り残されている今の建築分野で、自由に動けないもどかしさを感じているからだろうと思います。だから、もっと自由に動くために必要なものとしてTECTUREを始めようと考えた。それは今ないもので、成功するかどう

かは分からないけれど、必要だと思うならば自分でつくってしまおうというわけです。

　開発母体であるtectureの社長に山根脩平さんを連れてきたのも谷尻さんでした。適切な人を見つけて、相手を魅了し、そして「相手のやりたいこと」と「自分がやりたいこと」を重ねることにもとてもたけた人です。

感性を体現した自宅「HOUSE T」

　以前、谷尻さんから「便利すぎる家はよくない」というような話を聞きました。これは名言だと僕は思っています。

　世の中には、あたかも常識であるかのように幅を利かせていることがたくさんあります。例えば住宅なら、「光がたくさん入って明るいほうがいい」というのもその1つです。谷尻さんはそこに素朴な疑問を投げかけます。「光を絞った室内から外の光を見るほうが心地いいよ」と。それを示した自宅「HOUSE T」は、彼の感性を体現した住宅だと思います。

　そうした常識を基に、クライアントの要望通

「住宅は光がたくさん入るほうがいい」、そんな"常識"に素朴な疑問を投げかける。

りに便利な家をつくるのが、普通の設計でしょう。しかし、谷尻さんはあえて不便なところをつくっておき、それが便利になるように工夫して暮らすような家の在り方を提案する。きっとそのほうが幸せですよね。

　今の社会では、多くの人たちが「みんなのためだから」と我慢して生きていると思います。でも、彼の考え方には、無理がない。その意味で谷尻さんには"我慢の減る建築"をつくってほしいですね。また、これから谷尻さんは、都市づくりのようなプロジェクトにも関わるようになっていくだろうと思っています。

今後はベンチャー企業としての「指導力」が問われる

僕の中では理想に近い人だからすべて高得点です。ただ、こういうチャートで全部が満点では面白くないので、あえてマイナスポイントを探すと、「発想力」と「行動力」が4点でしょうか。私のようなクリエーティブな業界にいると、ものすごい発想力や行動力を持っている人と多く出会うので。もう1つ、「指導力」も4点にしましょう。決断力はあると思います。個人の設計事務所は師弟関係で成り立ちますが、ベンチャー企業になると指導の仕方も違ってきます。そこがこれからどうなるかが未知数なので、指導力は4点に。「体力・持続力」と「コミュニケーション力」は文句なしの満点です。総合力としての「人間力」も満点ですね。僕にとっては"カッコいいと思う人"のナンバーワンですから。

佐渡島庸平氏がレーダーチャートで評価

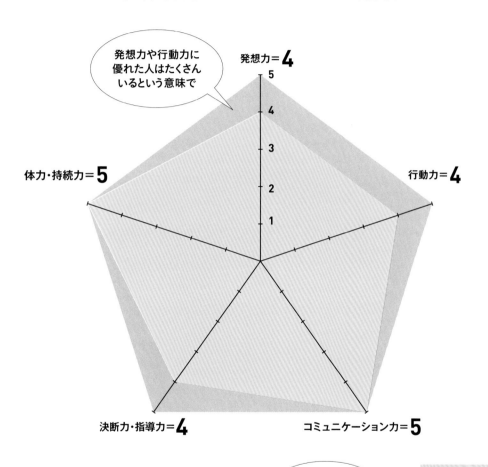

3 土井地博

ビーアット代表取締役、ビームス執行役員 経営企画室グローバルアライアンス部部長
兼 コミュニケーションディレクター

人や物事にとてもいい距離感を保つ人物

土井地博氏は、ファッション界をけん引するビームスで、約20年にわたりPR活動に取り組んできた。
そのキャリアを生かしつつ、谷尻氏らと共に2020年に立ち上げたのが株式会社 社外取締役だ。
これからの時代を切り開く事業に共同で乗り出した土井地氏に、
谷尻氏の発想力や、建築をデザインする姿勢などについて、どう捉えているか語ってもらった。

　谷尻さんとは面白い形で出会いました。私は時々、雑誌の取材を受けていたのですが、その雑誌を開くと、よく谷尻さんと横並びのページで掲載されていたのです。彼は建築家や起業家という立場でありながらファッションが好きだったりする。一方の私は、ファッションの世界にいて建築やデザインが好きでした。それぞれが本業を持ちながらも、別に興味がある分野が重なっている。年が近いこともあり、不思議な親近感を持っていました。

　そんな折、北海道の大樹町で開かれたイベントで一緒になる機会があり、会場で谷尻さんが設計した露天風呂につかって初めてゆっくり話をしました。その中で「いつか会社をつくりたいね」という話になったんです。それぞれが今の仕事を続けながら、世の中の「ヒンター」、つまりヒントを与える人となる会社をつくってみてはどうかと。「社外取締役」という社名まで、そのとき挙がりました。それが4、5年前だったと思います。

　その後、谷尻さんと僕に、マーケティングプロデューサーの林哲平さんを加えた3人で、そのとき出た社名そのままの「株式会社 社外取締役」を2020年に設立しました。

土井地 博（どいじ・ひろし）
ビーアット代表取締役、ビームス執行役員 経営企画室グローバルアライアンス部部長 兼コミュニケーションディレクター
「全ての表現者が創造することによって生きていける社会」を実現する株式会社ビーアットの代表取締役を務める。また株式会社ビームスの執行役員としてグローバルアライアンス部を設立。国内外の企業や組織、ブランド、人などと次世代に向けた新たなビジネスモデルを構築している。その他、株式会社 社外取締役（共同代表）でプロダクションによるプロデュース事業やオンラインサロンの運営など幅広く活動。ラジオパーソナリティーなど仕事は多岐にわたる

［図1］土井地氏の仕事と谷尻氏との接点

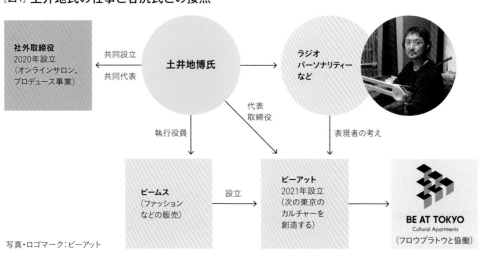

写真・ロゴマーク：ビーアット

実現に動かないアイデアに価値はない

　谷尻誠という人間をひと言で表現すると「間（ま）」でしょうか。建築にも間があり、人と人には間柄がある。あらゆる物事について、彼はとてもいい距離感をつくり、それを保てる人間です。クライアントや社員、そして僕との間にも、ほどよい間を持っています。

　そんな彼が避けたがるのが「代表」とか「社長」といった言葉です。彼は建築家や起業家、そしてあくまでパーソナルな人間であって、決して組織の1人ではないという思いを持っています。

　宇宙人とまでは言いませんけど、いい意味で変わり者ですね。普通の人では思いつかないような、予期しない発想や言葉が出てくるんです。それが彼の言う「価値」です。

　「アイデアには価値がない」と、彼は口癖のように言っています。アイデアは誰でも思いつく。それを実現しなければ価値がないわけです。そのことを実践し続けているのが、彼の大きな魅力ですね。彼と一緒にいると、パッとアイデアが価値化する瞬間に立ち会うことができます。

「谷尻比率」と「未完成の美学」

　昔からデザインには「黄金比」や「大和比」といった比率があり、寺社建築から企業ロゴ、アニメのキャラクターまで様々なデザインのベースになっています。谷尻さんには、"谷尻比率"のようなものがあると、僕は感じています。独自のデザインのあんばいのようなものがある。例えば、自邸の「HOUSE T」も、あえて暗くした空間とか、暖炉の火の加減、空気感、コンクリート壁の目地や質感などに、とてもいいあんばいが感じられます。

　もう1つ、彼は「未完成の美学」も持っていると、僕は個人的に思っています。建築家はとかく竣工をもって完成とする建築物をつくりがちですが、クライアントからすれば竣工からスタートするわけです。だから彼にとっても竣工は100％の完成ではない。もしかしたら

「アイデアには価値がない」というのが彼の口癖、
一緒にいるとアイデアが価値化する瞬間に立ち会える。

60％ぐらいの完成度の感覚でつくっているかもしれない。住宅ならば、家族が増えたり、年齢を重ねたりする中で家も育っていくような、伸び代や余白をイメージしながら設計していると思います。

　一方、起業家として彼を見るときに感じるのは、時間の使い方のうまさです。平時の使い方を1倍速とすると、グッと行くときは2倍速に上げ、見定めるべきときは0.7倍速に落とす。そんなイメージです。彼なりの勘の鋭さもあるのでしょうけれど、そうしたペース配分は非常にたけていると思います。

人間力が伸びる余地はまだ残っている

オール5ではウソっぽくなるし、評価が難しいですね。「体力・持続力」だけが4点で、残りは満点の5点にしましょうか。なぜ体力・持続力だけ減点したかというと、けっこう彼は「自分はいつまでも若い」と思っている節があるからです。確かに体力はあります。でも、実際には決してもう若いとは言えない年齢に差し掛かっていて、どこかでガタッと体力の低下を感じるのではないかと思います。そのことを心配して、「ちょっと気をつけて」という、いい意味でのメッセージとして4点にしました。トータルな人間力も4点でしょうか。現時点では満点かもしれないけれど、実際にはまだこれから多くの人たちと出会うはずだし、学ぶこともたくさんあるはずだからです。人間としての伸び代はまだあるという意味を込めました。

土井地博氏がレーダーチャートで評価

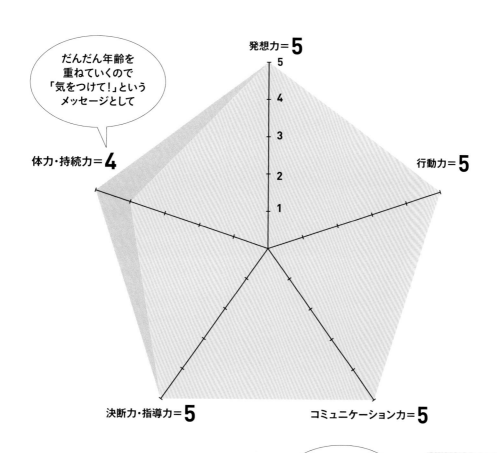

4 吉田 愛

建築家、SUPPOSE DESIGN OFFICE代表取締役

目的を問うことで生まれる柔軟な発想

2000年に広島で谷尻誠氏と共同で設立したSUPPOSE DESIGN OFFICEを、建築の枠を超えて
注目され続ける設計事務所へと急成長させた。現在も、谷尻氏と共に代表取締役を務め、
ツートップ体制で多忙な設計事務所を率いる。一方、最近はそれぞれの"ソロ活動"も活発化している。
協働するパートナーの視点で、谷尻氏の実像を語ってもらった。

各プロジェクトの設計は、谷尻と私の間で根本的な情報を常に共有しながら進めています。設計に当たっては、互いにアイデアを出し合いますが、基本的なところは似ていて意見が合わないことは、あまりないですね。

例えば、渋谷区の「千駄ヶ谷駅前公衆トイレ」（2020年）の設計では、「トイレの用途に限らないものがいい」という考え方で初めから一致していました。新しい国立競技場の最寄り駅でもあるので、国内外のいろいろな人たちに渋谷の先進性を感じてもらえるパブリックな場所にしよう、建築を抽象化してトイレという空間自体をアートにするといった方向性につ

いては、ほぼ同じ発想を持っていました。

一方、私からは従来の公衆トイレに抱いてきたマイナス面を改善する提案をしました。公衆トイレにつきまとう気持ち悪い印象を払拭し、外とつなげるために「足元を浮かせよう」と私が提案したのを受けて、谷尻からヤジロベー構造の提案がありました。

設計前にプロジェクトの意義を問う

設計の提案を練るミーティングでは、行き詰まって進めなくなることもあります。先日、実際にそうした状況に直面することがあったのですが、そのとき私たちは、「そもそも何のため

Profile

吉田 愛(よしだ・あい)
建築家、SUPPOSE DESIGN OFFICE代表取締役
1974年広島生まれ。2000年からSUPPOSE DESIGN OFFICEに
て谷尻誠と共に建築設計業務に携わる。インテリアから住宅、複合
施設などのプロジェクトをはじめ、ONOMICHI U2などの商業空間、
プロダクト開発などの設計、監修を多数手掛ける。14年SUPPOSE
DESIGN OFFICE Co.,Ltd.を設立し、共同主宰に。各プロジェクトに
おけるグラフィック、アート、コンテンツなどのプロデュース、空間の
スタイリング、ディスプレーも自ら行うなど、建築設計事務所の枠を
超えて、新たな建築空間の可能性を模索している

SUPPOSE DESIGN OFFICEが新事業として手掛ける「BIRD BATH
& KIOSK(バードバスアンドキオスク)」。2018年12月に東京・半蔵門
に開業。吉田氏が中心となって運営を手掛ける(写真:高木 康行)

です。そもそも彼は、プロジェクトありきではなく、プロジェクトの意義を問うところからスタートするので、そのあたりから柔軟な発想が生まれてくるのだろうと思います。

　常に基本的な情報は共有していますが、プロジェクトによっては、谷尻か私のどちらかが担当するものや、より深く関わるものもあります。そうなると、深く関わっている側が行き詰まってしまうこともあります。様々な条件やクライアントの要望にとらわれて、案が停滞してしまうのです。そんなとき、少し離れてプロジェクトを見渡しているもう1人が、「どうしてこうなっているの?」とか「もっとこうすればいいじゃん」というように、一歩引いた立場からの指摘によってブレイクスルーできることもよくあります。

"ソロ活動"も活発化

　それぞれが個別もしくは主体となって手掛けている事業や業務もあります。例えば、社内の事業として進めている「社食堂」や、カフェの「BIRD BATH & KIOSK」は、私

につくるのだろう?」「本当につくる必要があるのかな?」というレベルまでいったん立ち返ってみました。

　つまり、設計者が与えられた前提条件を解くのではなく、クライアントが抱えている前提条件に立ち、そこから発想していくアプローチ

が中心になって運営しており、オンラインショップや商品開発も手掛けています。最近は個人の活動としてスタイリングやコンテンツの提案を行う「etc.inc」という会社をつくりました。食や音やアートなどソフトの部分まで関わることで、設計する空間の質を高めることにもつながると感じています。

　一方、谷尻も「tecture」や「社外取締役」などの会社を外部の人たちと共同で立ち上げて、独自の活動を展開しています。個々に取り組むそうした活動の中から持ち帰ったアイデアや知識は、設計にフィードバックできることもたくさんあります。SUPPOSE DESIGN OFFICEに軸足を置いて、それぞれが"ソロ活動"をしつつ緩やかに協働していく関係はいいなと、私は思っています。

深く関わっている側が行き詰まることも、一歩引いた立場からの指摘で乗り切れる。

吉田氏が監修し、社食堂オンラインストアで販売するカレー皿「plate 245」。長崎県波佐見町の老舗・中善のオリジナルブランド[zen to（ゼント）]として実現した。陶磁器デザイナーの阿部薫太郎氏がブランドディレクターを務めている
（写真：野町 修平）

人をその気にさせて、仕事を任せて育てる

100点満点で評価したら、コミュニケーション力は200点でしょう。すごく人が好きで、会った相手の顔もよく覚えています。設計の仕事は、時に想像もしない出来事が起こりますが、そのとき、コミュニケーション能力が大切なことは、これまでに実感してきました。

体力と瞬発力がものすごくある代わりに「持久力」は弱いですね。地道にコツコツ続けるのは苦手で、絶えず自分の中でムーブメントが走り続けている感じです。決断もすごく遅いし、人をその気にさせるのも上手。スタッフに対しても、指導というよりも、あれこれ指図せずに任せるタイプです。そのほうが絶対に伸びますから。

「人間力」の評価は難しいですね。めちゃめちゃ子どもっぽくてミーハーな半面、根はすごく真面目で、勤勉な昔の人のようなところがあります。いずれにしても、誰に対しても自分を包み隠さずに接するところに、みんなに好かれる一面があるように思います。

吉田愛氏がレーダーチャートで評価

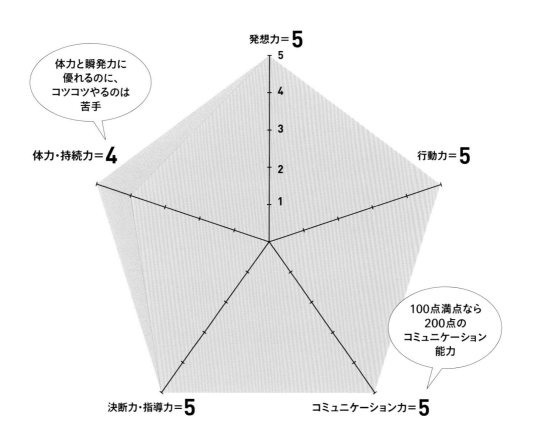

休日にキャンプに行く機会とともに、アウトドア系の仕事も増加。公私の境界が薄れつつある。

SAT.4 / 10 久しぶりの社員旅行へ

2019年の暮れに忘年会がてら集まって以来、久しぶりの社員旅行に出掛けた。目的地は、広島の市街から車で50分ほど。湯来（ゆき）町のキャンプ場だ。20年は新型コロナウイルス感染症の拡大で、どこにも行かれず、皆が顔を合わせる機会がなかった。会社への帰属意識も薄くなっていくので、このタイミングで実行しておきたかった。

実は目的がもう1つある。テント式のサウナを体験してもらうことだ。以前、クライアントを連れて、ここでミーティングした。サウナに入った後、川に飛び込んだら、めちゃくちゃ気持ちが良かった。最近、依頼される仕事ではグランピングや、ホテルでもサウナを付けたいという話がある。「サウナを設計して」と言われても、どうしたらいいか分からないということは避けたい。

初めは尻込みしていたスタッフたちも満足顔。サウナで暑くなったら川に飛び込む。その後、外気浴で整えるのが大事だと理解してくれたようだ。

夕方まで川辺で過ごした後に宿へ
食事はバーベキューのほか、知人に頼んで食べ物を用意してもらった。近くに貸し切り風呂を確保。夕方まで川辺で過ごした後、歩いてすぐの民宿に皆で宿泊した。久々に夜遅くまで盛り上がった

川に飛び込んだ後は外気浴で整える
サウナで暑くなったら、川で水浴びして外気浴で体調を整える。通常はこれを3セット繰り返すところ、この
日はスタッフに教えるため、5セットに達した

SUN.4/11 | 滝のある敷地の現調へ

最近は、いつも自然の中にいい場所を探している。社員旅行の2日目のメニューは、宿泊場所から車で10分ぐらいの場所に位置する滝のある絶好のスポットの視察。広さは6000㎡に及ぶ。5mの落差のある滝つぼは、夏には飛び込めるよう。サウナに入った後に滝つぼにダイブという体験は貴重だ。

広島事務所のサテライトオフィスのような場をつくろうと、購入に向けて、「絶景不動産」の担当が契約を詰めてくれている。広島市内でレモンサワーのお店をやっている友人とは、一緒に場所づくりを

しようと話している。我々は、スタッフに限らず、外部の人たちも泊まれるオフィスをつくりたい。

目下の問題は電波が届かないこと。働く環境としてはいまいちだが、解決されるのも時間の問題だと思う。オフグリッドをやってみるとか、自分たちの実験場になるといいなと考えている。広島事務所は、移転計画も進行中だ。その件も含めて、これから考えながら育てていきたい。

社員旅行はこの場で解散。いろいろな考えをしたためながら、夜には無事、東京に戻った。

**以前に案内してもらい
一目ぼれした土地**

6000㎡の土地の中にある滝つぼ。水がとてもきれい。土曜に訪れたキャンプ場の管理者に以前、案内してもらい、その場でとても気に入った場所だ

多くのスタッフと方向性も共有
東京事務所と広島事務所のスタッフ、一部その家族も含め、皆で滝つぼのある土地を視察に行った。
SUPPOSE DESIGN OFFICEの今後の方向性も認識してもらえる機会になった

MON.4/12 | 近所のコーヒー屋に立ち寄る

平日は、午前6時から6時30分までの間に起きるのが日課になっている。寝坊しても7時には息子に起こされるのが通例だ。起床後は、小学校に入った息子と読み書きの勉強を30分ほどしてから、朝食を取る。妻と息子はしっかり食事をするが、僕は、朝はあまり食べられないので、おなかがすいているとき以外は、フルーツやシリアルを中心に軽めのメニューにしてもらっている。

　8時ごろ、息子を近くの小学校に送っていって戻った後は、出社するまで、ちょっと時間ができるので、妻と近くのコーヒー屋に出掛けることが多い。自宅の近辺に何軒か行きつけがあり、自転車で一緒に乗りつける。夜は、僕の帰りが遅いことも多いので、妻とは朝のこの時間に会話しながら、のんびりと過ごす。お互いの仕事について相談し合ったり、息子のことを報告し合ったりする。最近は週末に息子と2人で、キャンプやスノボに出掛けることが増えたので、そのときのことを伝えている。

　30分から1時間ぐらいコーヒー屋で過ごした後は、事務所まで自転車をひとこぎ。何か、建築のような自転車がほしくて、ビルダー方式で1台1台組み上げていくRew10works（リューテンワークス）を4年ぐらい前に買った。街乗りに特化したこの自転車のフレームはコールテン鋼製。さすがに重いが安定感は抜群。メンテナンスフリーで、さびも定着してきており、いい風合いになりつつある。

　都内の移動は、自転車と車がほぼ半々。自宅のまわりは坂が多くて、自転車だと大変なときもあるけど、気合を入れるのにはもってこい。今週は後半に、新潟県内の現調や山梨のキャンプも待ち構えている。「週4都市、週3自然」のペースで、しばらくは走り抜けていきたい。

街乗り用のRew10works製が愛車
自宅から事務所へ通うのには自転車を用いることが多い。愛車は街乗りに特化したRew10works製。4年ほど前に買った。東京・上馬に工房とショールームがある

TUE.4/13 │ 大阪芸大でリアル講座

火曜日は、週に1度の大学での授業の日。今は大阪芸術大学の短大で、学生11人に対する設計演習を受け持っている。設計課題をつくって実習してもらい、それをクリティークしていく格好だ。東京から大阪への移動には、飛行機を利用している。羽田空港まで車で行って、大阪の伊丹空港へ。伊丹空港から大学まではタクシーで20分ほどだ。

大学に通い始めて6年目。もともと教えることは嫌いじゃないけど、大学に僕自身が通うんだと思って、お受けすることにした。大学に通った経験がないので、大学って、どんな場所なのか知りたいと考えたからだ。4年間は、4人のゼミも担当していたけど、移動時間を取るのがきつくなったので、短大だけにしてもらった。

地方への出張の際は、羽田空港まで車を使う。

愛車のポルシェは、2020年の自邸完成に合わせて納車してもらった。ポルシェにしたのはデザインが一番カッコいいと思ったから。993型は空冷式の最後。時々オイル漏れなどはあるけど、乗り回しやすく、よく走ってくれる。何よりコンパクトで楽しい。

スタイリッシュな黒にこだわる
羽田空港の駐車場に止めた愛車。993型のポルシェ911で黒の車体を探したけど、市場にほとんど出ていなかった。そこで、中古車をノーマル仕様に戻してもらってから、オールペイントした。ホイールも黒にした

妻の手づくりグラノーラを食す

妻の直子は料理家で、自宅か自分のオフィスでいつも何かをつくっている。ベースは、"オカン料理"の現代版とでも言えばいいだろうか。飲み物も、天然のコーラをつくるなど、とにかく健康志向で、発酵にも詳しい。今朝のメニューのグラノーラも手づくりで、これから販売もするようだ。僕と息子は、プロの料理、しかも健康志向の食べ物を朝から取り、体が自然と元気になっていく。

「細胞の原料は食事」。こう彼女はいつも口にしている。その言葉は、SUPPOSE DESIGN OFFICE で「社食堂」を始める際も、コンセプトの基になった。僕の仕事に対する妻の影響はとても大きい。物事の本質を見抜く力がけっこうあるので、「確かにそうだよな」と思わされる場面が多い。

僕は夜、外食する機会が多いけれど、半分は家で食べている。「健康ですよ」という見た目の料理じゃないけど、ちゃんと体のことに気遣っていて、バランスが取れている。妻は普段、息子といる時間が長いので、週末は息子を連れて2人でキャンプに出掛け、自分の時間も持てるようにしてあげたい。

**レシピ本が好評で
2冊目が発刊に**
妻は「HITOTEMA（ひとてま）」という予約制レストランを運営している。レシピ本「HITOTEMAのひとてま」（2019年、主婦の友社）が好評で、「HITOTEMAのひとてま第二幕」が同じ出版社から21年6月17日に発売

THU.4/15 | 新潟の現地調査でタラの芽拾い

　2021年に入ってネイチャーデベロップメントを担う新会社「DAICHI」(92ページ参照)の事業を本格化してから、「自然に恵まれた土地の開発をお願いしたい」という依頼が相次いでいる。この日もDAICHIで相談を受けた土地の現地調査で、新潟県に出張した。「広大な自然を生かして、どんなことをやればいいか、考えてほしい」という内容だ。

　「ととのえ親方」と呼ばれるプロサウナーの松尾大さんに整えてもらうとともに、サウナに入った後、天然水を使った屋外の冷たい水風呂につか

ると最高だと知った。それが、通い始めていたキャンプとつながった。「アウトドアのサウナの良さを世の中に伝えていきたい」という思いが膨らんだ。

　だからこそDAICHIでは、井戸を掘って水を取り、自然の中でサウナをしながら宿泊するという、自分が体験したことを事業化しようとしている。コロナ禍になって、自ら仕事をつくり出す会社にならなければ将来はないと悟った。SUPPOSEでもアウトドアの設計は、どんどん増えそうだ。今日の現調では、タラの芽を拾いながら春の訪れを実感した。

**キャンプシーズン
間近の新潟**

新潟県内のとある場所に現地調査に訪れたこの日、途中に立ち寄った川の流れ。雪解けの季節になり、豊富な水をたたえる。雪国・新潟ではこれからキャンプシーズンを迎える

現地を視察しながら
タラの芽拾い

山の麓を流れる川。その周辺の土地が今回の
対象だ。プロジェクトはこれから本格化する。
今日は現地を視察しながら、貴重なタラの芽
を拾う。毎年の恒例行事になることを願って

FRI.4/16 | 外で仕事の日、川でサウナ

昨晩、新潟から戻り、今日はキャンプ仲間と山梨県道志村にキャンプに出掛けた。道志水源の森キャンプ場は知人がオーナーであり、知人は以前、僕の自宅でサウナに入って、その気持ちよさに魅了されたようだ。今回、テントサウナを持って行くと言ったら、買って河原に設置してあった（笑）。

最近は仕事とプライベートの境目がなくなってきた。体験しか設計の仕事に生かすすべはなく、キャンプをすること自体が仕事に直結している。僕は5年ほど前から、同居の時代になると言い続けて

きた。例えば、「社食堂」はオフィスなのかカフェなのか、パブリックなのかプライベートなのか分からない。コロナ禍で在宅勤務が当たり前になり、仕事と暮らしがどんどん混ざる時代になった。

キャンプに出掛けてSNS（交流サイト）で情報発信しているため、キャンプグッズの取材は多いし、アウトドアっぽいプロジェクトがあれば、「谷尻に聞くのがいい」となる。ほかの建築家でもアウトドアが好きな人はいるだろうが、楽しさを伝えることに意識的かどうかの違いがある。

キャンプグッズに関する取材が急増

キャンプ場でまずはお湯を沸かして仲間とコーヒーブレーク。最近はキャンプグッズに関する取材が増えた。2020年にはキャンパーのヒャクタロウさんとキャンプ用品の新ブランドCAMP.TECTS（キャンプ テクツ）も立ち上げた

テントサウナのユーザーが急増
道志水源の森キャンプ場の河原に、キャンプ場のオーナーがテントサウナを設置しておいてくれた。
テントサウナはここ数年でユーザーが増えているが、まだ利用できないキャンプ場もある

キャンプを始めた動機は息子の教育

テントサウナの脇で遊ぶのは、うちとキャンプ仲間の息子。もともとキャンプを始めたのは、息子に自然の中で能動的な遊びを身に付けながら育ってほしいという思いから

CHAPTER

4

ベストプラン10＋1

1 毘沙門の家

広島市、2003年 | 設計：谷尻 誠、吉田 愛、大野 慶雄/SUPPOSE DESIGN OFFICE

6本の柱で持ち上げた現代の高床式住居

　限られた予算で、斜面地に店舗併用住宅を建てたい——。こんなクライアントの要望を実現したのは、「現代の高床式住居」という谷尻誠氏らのアイデアだ。通常のように斜面上に建物を配置すると、基礎工事が大がかりになり、施工コストがかさむ。そこで、6つの独立基礎をつくり、そこから柱を立ち上げ、床と屋根の計3枚のスラブを支えている。

　「6本の柱の足元だけに基礎があればいいのでコストダウンできる。柱を傾けているのは筋交いの役割も持たせるため。斜面という難条件がスルリと解け、構造的な美しさをもたらすことができた」と谷尻氏は言う。

　スチールとガラスによる構成は、まさに現代の高床式住居を象徴している。ガラスの大開口からは広島市街が一望できる。

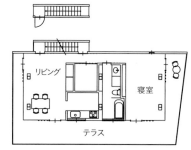

2階平面図

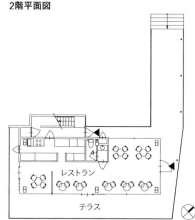

1階平面図　1/300

Data

- ■所在地：広島市　■用途：住宅、店舗　■敷地面積：701.59㎡
- ■建築面積：80.2㎡　■延べ面積：189.88㎡
- ■構造・階数：鉄骨造、地上3階　■設計協力者：SAK構造設計（構造）
- ■施工：アルフ　■施工期間：2002年11月〜03年4月

北側から見た建物の全景。広島の市街を一望する高台に立つ

2階の住居から南東側の市街を見下ろす

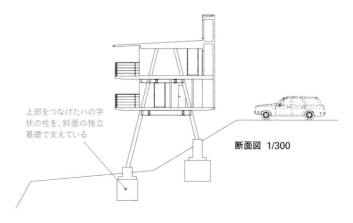

上部をつなげたハの字
状の柱を、斜面の独立
基礎で支えている

断面図 1/300

2 Cafe La Miell

愛媛県新居浜市、2006年 | 設計：谷尻 誠、吉田 愛/SUPPOSE DESIGN OFFICE

半分だけ埋め戻して
斜めの大屋根で覆う

敷地は、目の前の道路より1mほど下がっている。オーナーは土地を埋め戻してから、ランドマークにもなる2階建てのカフェを建てる考えだった。谷尻氏らとオーナーが四国のカフェを巡ったところ、2階建ての場合、運営手間から、通常は1階に客を通し、2階は繁忙時しか使わないことが分かった。

顧客サービスにと、工費をかけて2階建てにしても、実情はなかなかその通りにはいかない。そんな「矛盾」を知って、谷尻氏らが考えついたのが、土地を半分だけ埋め戻し、そこにできた段差を生かして2層とし、斜めの大屋根ですっぽりと覆う案だ。

埋め戻しが少なくて済む分、施工コストが抑えられる。しかも2階の床をつくらずに屋根だけでインパクトある外観を生み出せた。

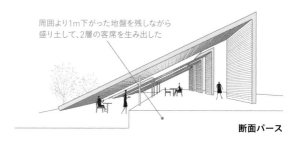

周囲より1m下がった地盤を残しながら盛り土して、2層の客席を生み出した

断面パース

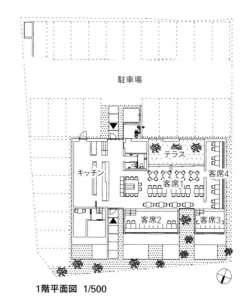

1階平面図 1/500

写真：矢野 紀行

北側の道路から見た全景。斜めの大屋根はランドマーク性が高い

現況地盤を生かして一層低い客席(左手)を設けた

Data

■所在地:愛媛県新居浜市

■用途:レストラン・カフェ

■敷地面積:900.72㎡　■建築面積:230.77㎡　■延べ面積:218.00㎡

■構造・階数:鉄筋コンクリート造・一部鉄骨造、地上1階

■設計協力者:なわけんジム、傳工房(構造)

■施工:JOWコーポレーション　■施工期間:2006年7月〜12月

3 北鎌倉の家

神奈川県鎌倉市、2009年 | 設計：谷尻 誠、吉田 愛、小松 隼人、鷲見 和高/SUPPOSE DESIGN OFFICE

3mの段差を生かし橋のように床を架ける

　神奈川県・北鎌倉の静かな山中ながら、中央に約3mもの高低差の擁壁がある。しかも旗ざお形状という、難条件を絵に描いたような敷地だった。ただ、すぐ東側には見事な竹やぶが広がっている。谷尻氏らは、高低差のある2つの地盤に橋脚のようなコンクリートの「シャフト」を築き、床を架け渡すことを思いついた。段差の大きな敷地を川の上とみなして、橋を架けるイメージだ。

　「橋の真ん中から眺めれば、竹やぶの風景はきれいに見える。しかも、橋脚をつくる形ならば、その部分だけに独立基礎をつくればよく、土工事が少なくて済む」。このように谷尻氏は説明する。土工事の量に着目したのは、この敷地にはバックホーなどの重機を運び込むことができず、手掘り工事となるからだ。

　斜面の名手の「技」が、悪条件の敷地に絶景をもたらしてくれる。

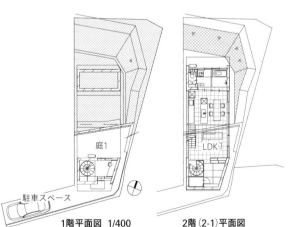

1階平面図 1/400　　　2階（2-1）平面図

駐車スペース
庭1
LDK

ロフトから吹き抜けを見下ろす。景色を楽しむため、東側は全面を開口にした

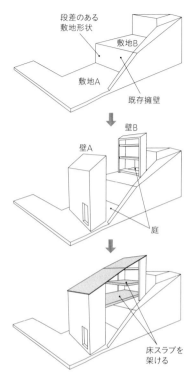

段差のある
敷地形状

敷地B

敷地A

既存擁壁

壁B

壁A

庭

床スラブを
架ける

ひな壇のような敷地に、コンクリートの「シャフト」
を2つ建ててスラブを架けた

Data

■所在地:神奈川県鎌倉市　■用途:住宅

■敷地面積:164.40㎡　■建築面積:60.24㎡

■延べ面積:113.62㎡

■構造・階数:鉄筋コンクリート造・
　一部鉄骨造、地上2階

■設計協力者:なわけんジム(構造)

■施工:栄港建設

■設計期間:2006年4月〜08年5月

■施工期間:2008年5月〜09年3月

竹やぶがある東側から見る。左右に見えるコンクリートの壁が「シャフト」

4 豊前の家

福岡県豊前市、2009年 | 設計：谷尻 誠、吉田 愛/SUPPOSE DESIGN OFFICE

路地を取り込んで「使える」中庭に

　中庭のある家がほしい――。こんなクライアントの要望に対して、谷尻氏は「日本では中庭も含めて、見る庭としてつくられている印象が強い。そこで、もっと使える中庭がつくれないか」と考えた。街なかの路地は、都市の中庭とも言える空間だと捉え、その関係性をうまく設計に取り込めないかと試みた。

　「路地は、住宅で言えば廊下に当たる。住宅でも、路地のように廊下をトップライトで明るくすれば、廊下に面した部屋の環境も変わって、中庭のような関係性が生まれると考えた」（谷尻氏）。そうすれば、北側に追いやられている水まわりの環境も変えられる。

　路地を取り込む場合に大切なのが、「スケール」という考えだ。つまり、廊下が少しずつ広くなっていくと、部屋と呼べるようになる瞬間がある。それがどのくらいの寸法なのかをスタディーして、廊下が子どもの遊び場になるようにした。結果として都市に住んでいるような新しい中庭空間が出来上がった。

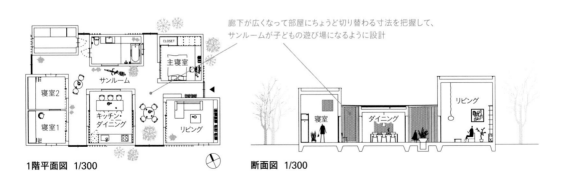

廊下が広くなって部屋にちょうど切り替わる寸法を把握して、
サンルームが子どもの遊び場になるように設計

1階平面図 1/300

断面図 1/300

キッチン・ダイニング（左）を、街路のような中庭空間であるサンルームが囲む

外観。各部屋は用途によって天井の高さを変えて、それぞれに合ったスケール感を与えている

Data

- ■所在地：福岡県豊前市 　■用途：住宅
- ■敷地面積：266.01㎡ 　■建築面積：130.18㎡
- ■延べ面積：130.18㎡ 　■構造・階数：木造、地上1階
- ■設計協力者：オーノJAPAN（構造）
- ■施工：大栄工業 　■設計期間：2006年2月〜08年12月
- ■施工期間：2009年2月〜12月

今治のオフィス

愛媛県今治市、2012年 | 設計：谷尻 誠、吉田 愛、中尾 彰宏、奥田 晃輔／SUPPOSE DESIGN OFFICE

中間領域で事務室を囲って空調域減らす

設計コンペでは、環境に配慮したオフィスが求められた。「設計当時は、太陽光発電パネルを載せたり、緑化を図ったりするのがせいぜいで、本当に環境に配慮しているの？と感じる事例ばかりだった」と谷尻氏は振り返る。既存のオフィスを調査したところ、食堂としてお昼しか使わないのに空間はつくり込まれているなど、ムダを感じた。

そこから生まれたのがパークと呼ぶ空間だ。エントランスホールでありながら、昼には社員が食事を取り、商談時には会議室にもなる。さらにパークが事務室を囲って内外の中間領域となることで、オフィスのエネルギー負荷を最小限に抑える。さらに、事務室からは収納スペースをなくし、収納は日よけルーバーで覆われた窓まわりに配置した。収納スペース分、事務室の空調域を減らすことができるので、エネルギー消費の削減につながる。

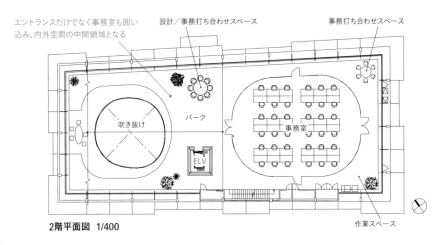

エントランスだけでなく事務室も囲い込み、内外空間の中間領域となる

設計／事務打ち合わせスペース

事務打ち合わせスペース

吹き抜け

パーク

事務室

ELV

2階平面図 1/400

作業スペース

2階のガラスパーティションで仕切られた事務室と、それを囲む中間領域のパーク

2階の北西部から吹き抜けを見る

Data

■所在地：愛媛県今治市　■用途：オフィス　■敷地面積：1873.33㎡

■建築面積：527.27㎡　■延べ面積：1876.07㎡

■構造・階数：鉄骨造・一部鉄骨鉄筋コンクリート造、地下1階・地上4階

■設計協力者：アラップ（構造・設備）、E&Y（家具）、高い山（サイン）、
　安東陽子デザイン（カーテン）

■施工：カナックス、前田建設工業

■施工期間：2012年1月〜11月

6 八木の家

広島市、2012年 | 設計：谷尻 誠、吉田 愛、竹内 雅貴/SUPPOSE DESIGN OFFICE

竣工後も成長していく「未完」の家

　若いクライアントは、2000万円台という限られた予算で家をつくりたいと要望した。谷尻氏らが設計開始時に住まいを訪れたところ、郵便ポストや食器棚、テーブルまでDIYでこしらえていた。「つくることがとても好きな方なので、小屋1棟ぐらいは自ら建てられそう。竣工後も一緒につくり上げていくことを前提に設計しよう」と谷尻氏は考えた。

　ちょうど谷尻氏は、建築家が思い通り設計し、すべてを完成させることに疑問を感じていた時期。鉄筋コンクリート（RC）で構造体をしっかりつくり、2階に生活空間を確保。1階は開口にサッシのない半屋外空間とした。生活の変化に合わせて、つくり込んでいく格好だ。「いつ完成だか分からない。成長し続ける住宅の在り方を示した」（谷尻氏）

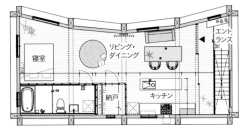

2階平面図

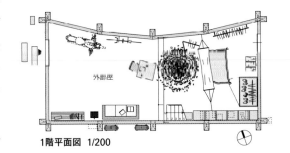

1階平面図 1/200

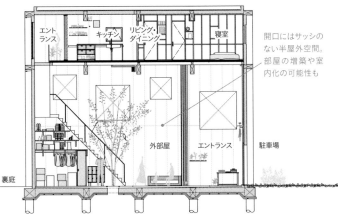

断面図 1/200

開口にはサッシのない半屋外空間。部屋の増築や室内化の可能性も

遠くまでの眺望が楽しめる高さに生活空間を持ち上げた

1階の外部屋。屋内に入り込んだ水は、スラブの排水穴から地中に浸透させる

北西から望む建物の夕景

Data

■所在地：広島市　■用途：住宅　■敷地面積：155.60㎡　■建築面積：56.24㎡

■延べ面積：112.48㎡　■構造・階数：鉄筋コンクリート造、地上2階

■設計協力者：オーノJAPAN（構造）　■施工：新興建設

■設計期間：2011年4月～12年2月　■施工期間：2012年1月～6月

尾道の家

広島県尾道市、2013年｜設計：谷尻 誠、吉田 愛、島谷 将文／SUPPOSE DESIGN OFFICE

軸線を振って海が続く風景を生かす

　広島県尾道市街。瀬戸内海を挟んで向島（むかいしま）が迫り、尾道水道となって目前を流れている。クライアントは、この風景を見ながら生活したいと要望した。尾道水道と国道に挟まれた敷地からは、対岸に工場を望む。「設計の当初は敷地周辺しか目に入らず、工場の景色に正対するプランではどうかと頭を悩ませていた」と、谷尻氏は振り返る。

　ある日、街の全体像を見てみようと、地図上で広い範囲を眺めてみると、尾道水道が大き

くカーブしているのが分かった。これが、解決の糸口になった。川幅のような海に正対する視線から角度を振って、大きなカーブの先へと視線を導くようにした。「そうすれば、どこまでも海が続くような風景を、楽しむことができる」（谷尻氏）

　具体的には5枚の平行な壁を、時計回りに60度回転させることで、視線をコントロールし、LDKやゲストルーム、ホールに海の景色を取り込んでいる。

位置図 1/25,000

家の向きを時計回りに60度回転させて、海が続く風景を取り込む

1階平面図 1/500

左が街路のようなホールで、右がLDK。5枚の壁を平行に配置したプランで視線をコントロールしている

尾道の家は、国道と尾道水道に挟まれた敷地に立っている

Data

- ■所在地：広島県尾道市　■用途：住宅
- ■敷地面積：407.77㎡　■建築面積：109.66㎡
- ■延べ面積：122.83㎡
- ■構造・階数：木造・一部鉄骨造、地上2階
- ■設計協力者：なわけんジム（構造）、
  LANDSCAPE NIWATAN DESIGN+
  ARTISAN OFFICE（外構）
- ■施工：大宝組
- ■設計期間：2011年4月〜12年11月
- ■施工期間：2013年1月〜11月

8 くるりの森

静岡県浜松市、2014年 | 設計:谷尻 誠、吉田 愛、西永 竜也/SUPPOSE DESIGN OFFICE

建築に秩序を与えて "森"をつくり出す

静岡県浜松市の「nicoe(ニコエ)」という商業施設の一角が敷地だ。「大人も子どもも楽しむことができるランドスケープをつくってほしい」というのが発注者のリクエストだった。

谷尻氏は、自然のような美しさをどうやったら建築でつくれるのか、ずっと考えていた。「何をつくるか決まっていないならば、律動をつくる要領で、森を生み出せないか。そんなテーマに挑んでみた」と谷尻氏は振り返る。

森を調べていくと、秩序がないようで、森という秩序で成り立っていることが分かった。ここでは、3000Rの曲率を持つスチールパイプを、角度が違うジョイントでつなぐことで、複雑な造形を生み出した。登れば遊具になり、パイプに腰掛ければベンチになる。遠くから見ればアートにもなる。建築なのか、ランドスケープなのか、遊具なのか分からない。自然界の森と同様に、ある一定の秩序によって、自然に近い状態を生み出している。

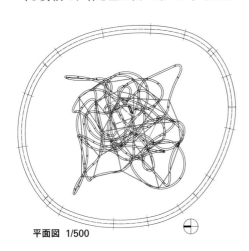

平面図 1/500

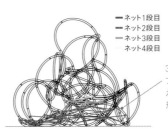

━ ネット1段目
━ ネット2段目
━ ネット3段目
━ ネット4段目

南側立面図 1/500

3000Rの曲率のパイプをジョイントだけ変えてつないで、複雑な形態を生み出した

南西からの全景。離れて見ればアートワークのように見える。足元にはネットを張って子どものための遊具としている

秩序を持ちながら複雑な意匠を生む

Data

■所在地：静岡県浜松市　■用途：遊具

■敷地面積：1万7290.2㎡　■建築面積：286.72㎡(パイプ外寸)

■延べ面積：249.59㎡(延べネット面積)　■構造：鋼構造

■発注者：春華堂

■設計協力者：東京芸術大学金田研究室(構造)

■施工：岡部　■設計期間：2013年12月～14年3月

■施工期間：2014年4月～7月

9 ONOMICHI U2

広島県尾道市、2014年 | 設計:谷尻 誠、吉田 愛、岡西 雄司、岩竹 俊範、杉浦 絹代 / SUPPOSE DESIGN OFFICE

3つのサイクルで築70年の倉庫を再生

サイクリングを観光の目玉に掲げる広島県尾道市。築70年の海運倉庫をどう生かすか。広島県と共同で、役目を終えた「県営上屋2号」の有効活用策を求めてプロポーザルを開いた。

SUPPOSE DESIGN OFFICEと　企画運営者のディスカバーリンクせとうち（尾道市、県運営：TTB）は、複合商業施設への転用を提案した。「観光地は宿泊客がいないと育たないし、地元に大切にしてもらうことも重要だ。そこで、ホテルと商業、レストラン、カフェが複

合した施設が必要だと考えた」（谷尻氏）

コンセプトは「3つのサイクル」だ。1つ目が「自転車というサイクル」。例えば、ホテルは自転車のままチェックインが可能だ。2つ目は「古い倉庫を再利用するサイクル」。ホテル部分は、旧倉庫に負担がかからないよう、入れ子状に構造体を組んで鉄骨基礎に載せた。もう1つが1日の移ろいを感じてもらうこと。中間期には窓を開け、それ以外は外部環境をつくり出すような空調の仕組みを取り入れた。

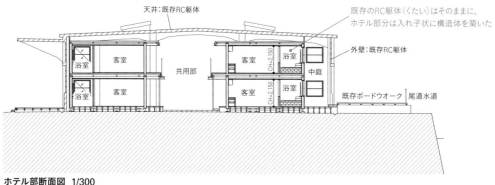

ホテル部断面図　1/300

「HOTEL CYCLE」のレセプション。自転車を持ったままでチェックインできる

戦時中に建てられた海運倉庫の雰囲気を残す外観

Data

■所在地：広島県尾道市　■用途：ホテル、商業施設

■敷地面積：5247.17㎡　■建築面積：2301.13㎡　■延べ面積：2967.00㎡

■構造・階数：鉄筋コンクリート造・一部鉄骨造、地上2階

■発注者：ディスカバーリンクせとうち

■設計協力者： アラップ（構造・環境）、佐藤設計（設備）、undesign（内装設計／GIANT）、
MAXRAY（照明計画）、LANDSCAPE NIWATAN DESIGN＋ARTISAN OFFICE、SOLSO
（以上、植栽計画）、10、UMA（以上、グラフィック）

■プロジェクトコーディネート：オフィスフェリエ、KYTパートナーズ　■施工：大和建設

■施工協力者：E&Y、Complex Universal Furniture Supply（以上、家具）、
賀茂クラフト（金物）、アサヒ工芸（木工）

■設計期間：2012年11月～13年9月

■施工期間：2013年10月～14年3月

北東から見下ろす。トップライトも既存のまま

手前左から右に「ButtiBakery」、物販の「U2 shima SHOP」、「Yard Café」

客室平面図 1/200

スタンダードツインの客室。壁にサイクルハンガーを設置している

上は、客室の水まわりの外側にある光庭。下のように倉庫の周囲に県が以前整備したボードウオークが巡る

2階平面図

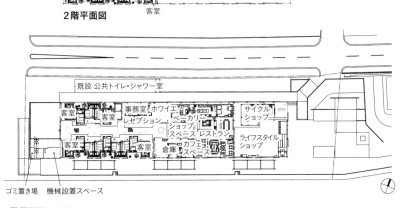

既設 公共トイレ・シャワー室

ゴミ置き場　機械設置スペース

1階平面図　1/500

斜面沿いに屋根を延ばし水際の眺望を生かす

貯水池に面した斜面地に家族4人のための住宅を建てる。「水辺とはいえ、きれいな水の流れが広がるわけではない。予算も踏まえて、斜面地を越えた平場に建てることを提案した」。谷尻氏はこのように設計の当初案を振り返る。しかし、クライアントも谷尻氏もお互いに納得のいかないことが分かったので、斜面も使って案を考え直すことにした。

再提案の日が近づいてきたものの、これぞという案が見つからない。ふとアイデアが舞い降りてきたのは、今日は謝りに行こうと腹をくくって食事を取っていた約束の3時間ほど前だ。「斜面頂部に普通の家をつくる。その屋根が傾斜地に沿って延びていき、屋根の下に段状の居場所をつくる」という案だ。屋根はいったん景色を遮るものの、最下部の開口からは水面が象徴的に映し出される。

模型を1時間でつくり、広島から福岡へ出向いた谷尻氏らは無事、クライアントの了解を得て、その後、最終案にたどり着いた。

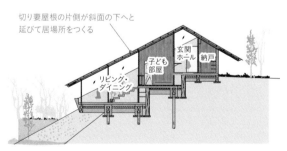

切り妻屋根の片側が斜面の下へと延びて居場所をつくる

断面図 1/300

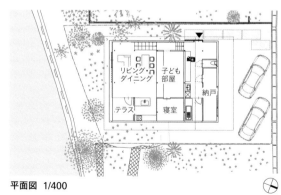

平面図 1/400

貯水池の斜面にすっぽりと収められた外観

最下部に配置されたリビング・ダイニング

Data

■所在地：福岡市　■用途：住宅　■敷地面積：259.85㎡

■建築面積：104.94㎡　■延べ面積：111.85㎡

■構造・階数：鉄骨造、地上2階　■設計協力者：アラップ（構造）

■施工：若杉建設　■設計期間：2011年8月～14年3月

■施工期間：2014年4月～10月

子ども部屋から斜面の下方に位置する貯水池を見る

愛知県安城市、2015年 | 設計：谷尻 誠、吉田 愛、奥田 晃輔/SUPPOSE DESIGN OFFICE

屋根の下に「庭部屋」、
生活を楽しむ空間に

　使える庭をつくる──。豊前の家（140ページ参照）で取り組んで以来、谷尻氏が「すごくいいな」と考えてきたことだ。安城の家のクライアントは、内部空間はもちろんのこと、外部空間での生活の楽しさを提案してほしいと要望した。「どうやったら、生活を楽しむ使える庭になるか。突き詰めたところ、庭も部屋のようにつくることが大事なんだという結論に達した」（谷尻氏）。そこで、考えたのが「庭部屋」という概念だ。建物の内部に庭をつくれば、庭も部屋のように使えるというわけだ。

　安城の家では、壁と屋根で囲いながら、屋根の所々に開口を設けて、日差しも注ぐ庭部屋をつくった。「すべて屋根で覆ってしまうと建蔽率がオーバーしてしまう。建蔽率をクリアできるように穴の大きさを決めた」（谷尻氏）

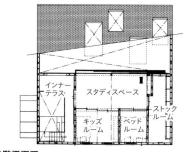

2階平面図

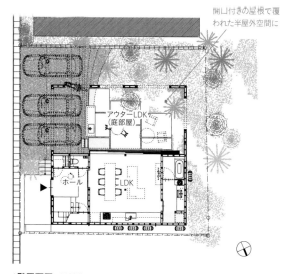

開口付きの屋根で覆われた半屋外空間に

1階平面図　1/400

手前のLDKの建具を開放すれば、向こう側のアウターLDK（庭部屋）と一体で利用できる

東側から見た全景

Data

■所在地：愛知県安城市　■用途：住宅

■敷地面積：226.85㎡　■建築面積：118.4㎡

■延べ面積：168.87㎡　■構造・階数：木造、地上2階

■設計協力者：オーノJAPAN（構造）　■施工：小原木材

■設計期間：2011年12月〜14年7月

■施工期間：2014年8月〜15年3月

クレジット・初出一覧

※写真・資料のクレジットは基本的に記事中に記載

取材・編集協力：
　　SUPPOSE DESIGN OFFICE
　　谷尻 誠、吉田 愛

図面・資料・写真：
　　特記以外は SUPPOSE DESIGN OFFICE

図：
　　SUPPOSE DESIGN OFFICEなどへの取材を基に日経アーキテクチュアが作成

記事初出：
　　早わかり／谷尻誠を知るキーワード
　　P066-067／Keyword 1：日経アーキテクチュア2009年1月26日号／文：倉方俊輔（建築史家）
　　P068-069／Keyword 2：日経アーキテクチュア2010年7月12日号／談話まとめ：三上美絵（ライター）
　　P070-071／Keyword 3：日経アーキテクチュア2015年12月25日号／文：守山久子（ライター）
　　P072-073／Keyword 4：日経アーキテクチュア2019年8月8日号／談話まとめ：谷口りえ（日経アーキテクチュア）
　　P074　　／Keyword 5：日経アーキテクチュア2021年1月28日号／談話まとめ：森山敦子（元日経アーキテクチュア）
　　上記以外は書き下ろし記事

著者プロフィル

森 清 (もり・すすむ)
日経クロステック・日経アーキテクチュア シニアエディター
1962年長野県生まれ。85年東京理科大学工学部建築学科卒業。オフィス家具メーカーを経て、90年日経BPに入社。「日経アーキテクチュア」「日経ストアデザイン」「日経コンストラクション」の各誌で副編集長を務める。2010年から建設局プロデューサーとして、若手向けウェブサイト「NEXT-K」、中国やタイなどの新規事業を担当。15年から編集職に復帰。著書に「建築のチカラ」（共著）、主な編集担当書籍に「東京デザイナーズレストラン2〜5」「スケッチで学ぶ名ディテール」「ディテールの教科書 防水・水仕舞い編」（いずれも日経BP）がある。一級建築士

松浦 隆幸 (まつうら・たかゆき)
オン・ザ・ロード代表取締役、エディター・ライター
1966年東京都生まれ。90年東京理科大学工学部建築学科卒業。90〜94年日経BP（日経アーキテクチュア記者）。米国周遊、農業生活を経てフリーのエディター・ライターに。2005年有限会社オン・ザ・ロード設立。雑誌・冊子などのエディター・ライターとしての活動のほか、American Wood Design Awards、住まいの環境デザインアワード、世界建築会議UIA東京大会などの企画運営や、建築系メーカーのPR業務などを手掛ける。主な編著書に「Asian Breezes-Towards Sustainable Architecture」（英語、JIA）、「秘境を貫く 飛騨トンネルの物語」（中日本高速道路）、「こうすれば燃えにくい新しい木造建築」（共著、日経BP）、「日本野」（共著、日経BP）がある

日経アーキテクチュア
1976年4月創刊の建築総合情報雑誌。意匠、構造、設備、施工などの専門領域だけでなく、建築界を取り巻く社会・経済動向から経営実務まで、幅広い情報を提供。雑誌は月2回発行し、関連ウェブサイト（日経クロステック）では毎日、情報を発信している。一級建築士、設計事務所、建設会社や行政など建築に携わる方々に愛読されている

谷尻誠の建築的思考法

2021年7月12日　初版第1刷発行

著者	森 清＋松浦隆幸
編者	日経アーキテクチュア
編集協力	SUPPOSE DESIGN OFFICE
発行者	吉田琢也
発行	日経BP
発売	日経BPマーケティング 〒105-8308 東京都港区虎ノ門4-3-12
装丁・デザイン	浅田 潤(asada design room)
印刷・製本	図書印刷株式会社

©Takayuki Matsuura,Nikkei Business Publications,Inc. 2021　Printed in Japan
ISBN978-4-296-10971-5